50대 두 남자,
나를 찾아 떠나는
바르셀로나와 남프랑스 여행

50대 두 남자, 나를 찾아 떠나는 바르셀로나와 남프랑스 여행

발행일	2024년 10월 30일		
지은이	한주탁, 김수하		
펴낸이	손형국		
펴낸곳	(주)북랩		
편집인	선일영	편집	김은수, 배진용, 김현아, 김다빈, 김부경
디자인	이현수, 김민하, 임진형, 안유경, 신혜림	제작	박기성, 구성우, 이창영, 배상진
마케팅	김회란, 박진관		
출판등록	2004. 12. 1(제2012-000051호)		
주소	서울특별시 금천구 가산디지털 1로 168, 우림라이온스밸리 B동 B111호, B113~115호		
홈페이지	www.book.co.kr		
전화번호	(02)2026-5777	팩스	(02)3159-9637
ISBN	979-11-7224-328-9 03920(종이책)		979-11-7224-329-6 05920(전자책)

50대 두 남자,
나를 찾아 떠나는
바르셀로나와 남프랑스 여행

한주탁 · 김수하 지음

북랩

책을 내면서

우리는 각자의 삶 속에서 쉼 없이 달려왔다. 젊은 시절의 열정은 어느덧 책임감으로 변했고, 그 책임감은 하루하루를 버텨내는 원동력이 되었다. 가족을 위해, 자신을 위해, 그리고 무엇보다도 우리가 선택한 길을 지키기 위해 치열하게 살아왔던 세월이 쌓여 어느새 50대 중반에 이르렀다. 그러던 어느 날, 문득 삶의 무게에서 잠시 벗어나고 싶다는 생각이 들었다. 마치 내면 깊은 곳에서 쉬고 싶다는 목소리가 들려온 듯했다. 우리는 그렇게 짧은 휴식을 위해 지중해의 바람이 불어오는 바르셀로나와 남프랑스로 향하게 되었다.

바르셀로나는 우리에게 새로운 활력을 불어넣어 주었다. 가우디의 창조적 에너지가 숨 쉬는 도시에서, 우리는 예술과 건축의 경이로움을 느끼며 오랜만에 자유롭게 상상의 날개를 펼 수 있었다. 사그라다 파밀리아의 거대한 첨탑 아래에서, 우리는 지난 세월의 무게를 잠시 내려

놓고 감탄했다. 과거에 열정을 쏟아부었던 순간들을 떠올리며, 우리는 그동안 잊고 지냈던 꿈과 희망을 되살렸다.

남프랑스는 우리에게 또 다른 쉼을 선사했다. 프로방스의 끝없는 라벤더밭을 거닐며, 우리는 삶의 속도를 늦출 수 있었다. 끝없이 펼쳐진 보랏빛 향기는 마치 우리를 포근히 감싸 안는 듯했다. 베르동 협곡에서 우리는 그동안 잊고 지냈던 자연의 아름다움과 그 속에서 느껴지는 평온함에 감사함을 느꼈다. 지중해의 푸른 바다와 함께하는 시간은 우리에게 그동안의 피로를 씻어내 주었고, 새로운 시작을 위한 재충전의 기회가 되었다. 바닷가의 작은 마을에서의 여유로운 산책과 그곳 사람들과의 소박한 대화 속에서, 우리는 삶의 단순한 기쁨을 다시금 깨닫게 되었다. 잊고 있던 행복의 조각들이 하나둘씩 되살아났다.

피카소, 고흐, 세잔, 샤갈의 붓질에 담아낸 삶의 이야기가 우리 마음 깊숙이 울림을 주었다. 그들은 창의성과 혁신을 바탕으로 당시의 예술적 규범을 넘어섰으며, 각자의 독특한 표현 방식을 통해 내면의 감정과 깊이를 강렬하게 담아냈다. 이들은 전통적인 방식에 도전하고 자신만의 시각을 통해 세상을 해석하며, 예술의 경계를 확장했다. 또한, 이들의 작품은 시간과 공간을 초월해 후대에까지 영향을 미치며 예술의 본질과 가능성을 새롭게 정의하였다. 우리는 이 화가들의 뜨거운 열정과 인생을 마주하면서 우리 자신을 되돌아보기도 했다.

이 책은 우리 두 사람이 인생의 반환점을 지나, 잠시나마 삶의 속도를 늦추고 나 자신을 돌아본 여정의 기록이다. 바르셀로나와 남프랑스는 우리에게 단순한 여행지가 아니라, 다시금 삶의 의미를 되새기고 미래를 향해 나아갈 용기를 준 특별한 장소들이다. 우리가 걸어온 길을 돌아보면, 많은 분의 도움이 큰 힘이 되었다는 것을 깨닫게 된다. 그분들께 깊은 감사의 마음을 전하고 싶다. 이 책을 세상에 내놓기까지 언제나 변함없는 사랑과 지지로 우리 곁을 지켜준 가족들에게 깊은 감사의 마음을 전한다. 그들의 따뜻한 응원 덕분에 이 여정을 떠날 수 있었고, 그 여정 속에서 진정한 나 자신을 찾아가는 귀중한 시간을 가질 수 있었다.

이 책이 같은 길을 걷고 있는, 혹은 걸어갈 누군가에게 작은 위로와 영감이 되기를 바라며, 우리의 여행 이야기를 시작한다.

2024. 10.

한주탁, 김수하

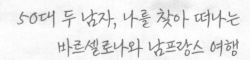

50대 두 남자, 나를 찾아 떠나는
바르셀로나와 남프랑스 여행

1.

반추

올해 5월은 특히 긴 겨울을 지나 생명과 활력이 넘치는 봄의 정점에 이른 달이었다. 동시에 봄의 마지막을 알리며 다가오는 여름을 기다리는 설레는 시기이기도 하다. 나뭇잎에 반사된 햇살이 눈부시게 빛나고, 카페 안은 따뜻하고 포근한 분위기로 가득 차 있다. 새들의 노랫소리가 맑고 청량하게 들려오고, 카페에서는 클래식 음악이 잔잔히 흐르고 있다.

우리는 카페 한 모퉁이에 자리를 잡고, 따뜻한 아메리카노를 마시며 회사 이야기, 아이들 이야기 등 다양한 주제로 대화를 나누었다. 잠시 눈을 감고 살아온 세월에 잠기니, 우리의 대화는 자연스럽게 과거의 기억으로 이어졌다.

1968년, 한 박사는 오늘날처럼 길이 잘 포장되지 않은, 80년대까

지도 산골이었던 청도에서 태어났다. 부모님은 주로 일을 나가셨고, 5남매는 할머니의 보살핌 속에서 성장했다. 부모님의 근면성과 할머니의 배려심은 어린 나이부터 우리 형제들의 마음에 자리 잡아, 삶을 살아가는 데 큰 자산이 되었다. 초등학교와 중학교는 시골에서 다녔고, 고등학교는 대구로 유학을 가게 되었다. 시골에서는 잘한다고 했지만, 도시로 유학을 가니 학업을 따라가는 것이 쉽지 않았다. 그러나 학년이 올라갈수록 성적이 점점 향상되어, 결국 내가 원하는 대학에 진학할 수 있었다.

1987년에 대학에 입학한 한 박사는 민주화 열풍 속에서 시대정신을 고민하며, 화염병과 투석이 난무하는 거리에서 대학 시절을 보냈다.

서클 모임에서는 뜻이 맞는 친구들과 함께 사회과학과 철학을 공부했으며, 과 회장을 맡아 학우들과 함께 대구와 서울에서 거리 투쟁에 참여하는 날이 많았다. 전교조 출범을 위해 현직 교사들을 도왔고, 민주화를 위해 학교 본관 앞에서 단식 투쟁도 벌였다. 오늘날 일부 586 정치인들의 일탈과 욕망을 볼 때, 그 시절 민주화를 위해 음지에서 고생한 분들을 떠올리면 씁쓸한 마음이 든다.

대학 졸업 후, 석사 과정을 마치고 기업 연구소에서 첫 직장 생활을 시작했다. 연구소장의 전폭적인 지원 덕분에 다양한 연구를 주도적으로 진행할 수 있었으며, 합작 회사였던 만큼 미국, 일본, 프랑스 등 여러 나라의 기술 도입을 위해 많은 회사와 연구기관을 방문했다. 이를 통해 세상의 넓음을 깨닫고, 대한민국이 기술적으로 자립해야 한다는 신념을 갖게 되었다. 6년 동안 밤낮없이 일하며 반도체 관련 가스 분석 기술 및 반도체 장비의 국산화를 이룬 것은 여전히 큰 자부심으로 남아 있다.

1995년, 학과 후배와 결혼하여 현재 1남 1녀의 행복한 가정을 이루었다. 회사가 외국 기업과 합병된다는 소식을 듣고, 어렵게 국산화한 많은 기술이 외국으로 유출될 수 있다는 우려를 느꼈다. 이에 동료들을 규합해 항의했으며, 갈등 끝에 합병이 무산되자 이직을 결심하게 되었다. 대구에서 중소기업 기술지원센터를 만든다는 이야기를 듣고 창립 멤버로 참여해 기업들에게 기술 지원과 자문을 제공했다. 그 후, 이 센터를 기반으로 섬유산업이 주류였던 시기에 공무원들과 함께 기계 산업 육성을 위한 연구소를 설립했다. 허허벌판에 건물을 세우고, 인력을 채용하고, 장비를 구매하는 등 정신없이 일했던 시기였다.

연구소가 어느 정도 안정되었을 무렵, 경북대 교수와 함께 나노 관련 사업을 제안해 나노센터 설립을 주도하게 되었다. 당시 에너지 산업에 대한 인식이 부족한 상황에서, 나노 소재를 응용한 2차 전지와 태양광 등 신재생 에너지 분야를 포함한 사업이었다. 그 시기에 김 대표는 2차 전지 장비 사업에 도전하고 있었고, 한 박사는 그의 열정과 비전에 공감하며 적극적으로 도움을 주었다. 둘은 동갑내기이자 시골 출신이라는 공통점 덕분에 깊이 통하는 부분이 많았다.

　나노센터가 안정되었을 때, 한 박사는 새로운 도전으로 과학기술원으로 자리를 옮기게 되었다. 신생 대학을 빠르게 반석 위에 올리기 위해 건물 건립과 예산 확보를 위해 국회와 정부 부처를 일주일에 한두 번씩 서울로 출장을 다니며 바쁜 시간을 보냈다. 당시 도움을 준 경제부총리, 국회의원, 그리고 보좌진들에게 깊은 감사를 전하고 싶다. 지금은 국내외에서 높은 위상을 가진 대학으로 성장한 것을 보며 자부심을 느낀다.

한 박사는 과학 토크쇼, 불교과학, 명상 등 다수의 강연을 하고 있다.

김 대표는 1968년 경상북도 예천의 작은 시골 마을에서 3형제 중 둘째로 태어났다. 당시 시골은 경제적으로 어려운 시기였고, 김 대표의 집안 형편도 별반 다르지 않았다. 그가 어릴 적 마을에 처음 전기가 들어왔을 때의 기쁨은 아직도 생생하게 기억난다. 초등학교 시절, 그는 5리 길을 친구들과 함께 걸어서 등하교하며 과학과 수학에 대한 흥미를 키웠다. 과학 시간에 아이스크림 막대로 만든 이동 배를 출품해 창의상을 받았고, 자동 컴퍼스를 구상하여 또 다른 상을 받았다. 어릴 적부터 기계에 대한 호기심이 많았던 그가 자연스럽게 2차전지 장비 분야로 창업하게 된 것은 필연적이지 않았을까 싶다.

호기심 많고 창의적인 어린 시절을 보낸 김 대표는 대구에 있는 공업고등학교 기계과에 진학했다. 졸업 후 가정 형편상 대학 대신 취업을 선택했지만, 배움에 대한 열망은 포기하지 않았다. 그는 야간에 몰래 기계설계과가 있는 전문학교에 다니며 이론과 실습을 병행했다. 유체역학, 재료역학, 열역학 등을 독학하며 자격증을 취득했고, 그 결과 학점 우수자로 교수님의 추천을 받아 배터리 전문 회사에 입사하게 되었다.

김 대표는 1987년 입사 이후 15년간 1차 전지와 2차 전지 연구 개발에 매진했다. 1997년에는 결혼하여 1남 1녀의 행복한 가정을 이루었다. 2002년, 한국이 월드컵 열기로 뜨거웠던 그 해에 그는 자신의 꿈을 이루기 위해 2차 전지 설비 전문 회사인 씨아이에스(CIS)를 창업했다. 당시 국내 대기업들이 일본의 기술과 장비에 의존하고 있었지만,

김 대표는 이를 국산화하는 데 성공했다. 그는 자신이 만든 장비가 일본 제품보다 더 우수하다는 것을 증명하며, 국내외 대기업들뿐만 아니라 전 세계 전지 생산 회사들로부터 주문을 받기 시작했다.

김 대표는 씨아이에스를 운영하면서 수많은 국책 과제를 성공적으로 수행했고, 여러 차례 기업 성과를 인정받아 회사를 성장시켰다. 바쁜 와중에도 학업을 이어가 박사 학위를 취득했으며, 2017년에는 씨아이에스를 코스닥에 상장시키며 그동안의 고생과 보람을 떠올리며 눈물을 흘렸다. 그해 그는 무역의 날에 오천만 달러 수출의 탑을 수상하기도 했다. 회사는 계속 성장했지만, 김 대표는 더 큰 도약을 위해 결단의 시간을 맞았다. 결국 2023년 9월, 회사의 미래를 위해 M&A를 결정하며 그동안 키워온 회사를 떠나게 되었다.

김 대표가 대통령으로부터 오천만 불 수출의 탑을 수상하였다.

김 대표는 한 박사가 근무하는 대학에 창업을 준비하는 학생들을 격려하기 위해 선뜻 장학금을 기부했다.

우리는 살아온 세월을 회상하며 서로를 격려했다. 치열하게 달려온 30대와 40대를 뒤로하고, 어느덧 50대 중반에 접어든 지금, 새로운 국면에 접어들었다는 생각이 들었다. 이제는 제2의 인생을 위한 무언가가 필요하지 않을까 하는 시점에 도달한 것이다.

우리는 여전히 따뜻한 커피를 마시며 대화를 이어갔다.

"우린 정말 앞만 보고 달려온 것 같아. 시간이 언제 이렇게 흘렀는지 모르겠네."

"맞아, 인생 참 굴곡이 많았지. 그래서 더 살 만한 가치가 있는 것 같아."

"그러게, 벌써 우리도 중년이네. 그래도 마음은 아직 청춘인데."

"열심히 살았다고는 하지만, 가끔 마음이 텅 빈 것 같은 기분이 들 때가 있어."

"지난번 애들이랑 갔던 몽골 여행 기억나? 정말 좋았었지."

"애들도 가끔 그때 이야기를 꺼내는 걸 보면, 진짜 멋진 추억이 된 것 같아."

"우리 이번에 인생을 돌아볼 겸 여행 한번 떠나볼까?"

"어디로?"

마침 한 박사가 남프랑스 여행을 계획 중이었다.

"남프랑스 어때?"

"바르셀로나도 포함하면 어떨까?"

"좋지! 그럼, 언제 갈까?"

"10월."

"내가 비행기 알아볼 테니까, 자네는 숙소랑 일정 좀 체크해."

우리는 즉석에서 여행 계획을 세워나갔다. 서로의 여행 경험을 나누고, 새로운 목적지를 상상하며 가슴이 설렜다. 그 순간, 새로운 여정의 시작을 알리는 설렘과 함께, 우리의 여행이 곧 현실이 될 거라는 기대감으로 가득 찼다. 이렇게 우리의 여행은 시작되었다.

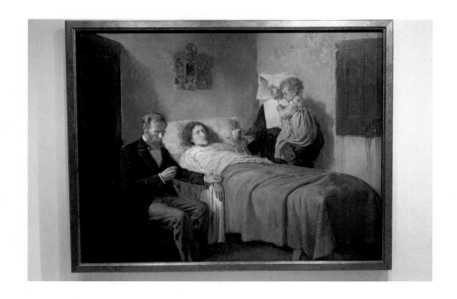

2.

여행을 준비하면서

2.1
일정 계획하기

한 박사는 오래전에 방문했던 니스(Nice)와 엑상프로방스(Aix-en-Provence)를 떠올리며, 김 대표에게 꼭 추천하고 싶은 여행지로 꼽았다. 프랑스 시골 마을의 정취와 사람들의 따뜻함이 그리워 남프랑스 지역을 일정에 우선 포함시켰다. 김 대표는 정열의 도시 바르셀로나(Barcelona)를 추천하며, 우리의 출발지가 자연스럽게 정해졌다. 여행은 바르셀로나에서 시작해 니스에서 마무리하는 것으로 계획되었다. 이동 수단은 렌터카를 고려했고, 우리는 지중해를 따라 여행할 만한 곳들을 하나씩 찾아보기 시작했다.

우리는 출장으로 도시화된 곳들을 많이 방문했기에, 이번 여행에

서는 시골과 예술, 문화가 풍부한 도시들을 탐방하기로 했다. 바르셀로나에서 프랑스로 넘어가며 먼저 대학 도시인 몽펠리에(Montpellier)를 둘러보기로 했다. 지도를 보며 여행 경로를 계획하면서 화가 빈센트 반 고흐(Vincent Willem van Gogh)가 활동했던 아를(Arles), 교황의 도시 아비뇽(Avignon), 물의 도시 엑상프로방스(Aix-en-Provence), 해상 교역과 문화의 역사가 깊은 마르세유(Marseille), 국제영화제가 열리는 칸(Cannes), 아름다운 휴양지 니스(Nice), 그리고 지중해의 작지만 부유한 국가 모나코(Monaco)를 포함시키기로 했다. 이외에 여행 중에 눈에 띄는 관광명소가 있으면 추가로 둘러보기로 했다. 여행 전체일정은 8박 9일로 전체 거리는 약 830km 정도 되었다.

여행은 스페인 바르셀로나에서 출발하여 남프랑스의 몽펠리에, 아를, 아비뇽,
엑상프로방스, 마르세유, 칸, 니스를 거쳐 모나코까지 여행하는 일정으로 계획하였다.
출처: Google 지도 편집

전체 일정표

일정	
1일 차	◉ **이동:** 인천공항(ICN, Incheon) → 바로셀로나 엘프라트 공항(BCN, Barcelona-El Prat)(비행기)
2일 차	◆ **바로셀로나 여행(1)** -까사바트요-까사밀라-구엘 공원-사그라다 파밀리아 성당-스페인 광장-카탈루냐 미술관-몬주익 언덕-보케리아시장-카탈루냐 광장
3일 차	◆ **바로셀로나 여행(2)** -람블라 거리-피카소미술관-고딕 지구-ELS-4Cats-바르셀로나 대성당 ◉ **이동:** 바로셀로나 → 몽펠리에(기차)
4일 차	◆ **몽펠리에 여행** -몽펠리에역-코메디 광장-개선문-페이루 광장-생 피에르 대성당 ◉ **이동:** 몽펠리에 → 아를(렌터카) ◆ **아를 여행** -고흐 카페-고흐 정신병원-고대극장-원형경기장-이우환 미술관
5일 차	◉ **이동:** 아를 → 아비뇽(렌터카) ◆ **아비뇽 여행** -교황청-로셰 데 돔 공원-생베네제 다리 ◉ **이동:** 아비뇽 → 고르드 → 루시옹 → 엑상프로방스(렌터카) ◆ **고르드, 루시옹 여행**

	일정
6일 차	**◆ 엑상 프로방스 주변 여행** -발렁솔르-무스티에르생트마리-베르동 자연공원
7일 차	**◆ 엑상프로방스 도심 여행** -세잔아틀리에-화가들의 언덕-미라보 거리-생소뵈르 대성당- 그라네 미술관 **◆ 마르세유 여행** -노트르담 드 라 가르드 대성당-구시가지-까시스
8일 차	**◆ 니스 여행** -프로메나데 데스 앙그레이스 거리-구시가지-콜린 뒤 샤토- 샤갈미술관 **◆ 그라세 여행** **◆ 칸 여행**
9일 차	**◆ 모나코 여행** 망통-모나코 **◉ 이동:** 니스공항(NCE, Côte d'Azur airport) → 파리공항 → 인천공항(비행기)

숙박 예약하기

이번 여행에서는 각 여행지의 문화와 현지인들과의 교류를 더 잘 느끼기 위해, 호텔보다는 현지 주민이 사는 집을 주로 선택하기로 했다. 다만, 바르셀로나에서는 긴 비행의 피로도 풀 겸 주요 여행지가 대부분 도심 근처에 있어 도심의 호텔로 예약했다. 그 외의 숙소는 에어비앤비(Airbnb)를 통해, 최대한 여행 목적지와 가까운 곳을 찾아보기 시작했다. 에어비앤비 숙박의 장점은 다양한 선택지와 더불어 현지 체험을 할 수 있다는 점에서 매우 매력적이었다. 특히, 현지 호스트가 제공하는 정보를 통해 더 깊이 있는 지역 경험을 할 수 있다는 기대감이 있었다.

여행 일정의 변경으로 인해 몇 차례 예약과 취소를 반복했으며, 숙소 상태나 주차 공간, 주변 명소와의 거리 등을 정확히 파악하기 어려운 곳은 호스트들과 이메일을 주고받으며 확정했다. 대부분의 호스트들이 친절하게 응대해 주어 숙소를 찾는 데 큰 도움이 되었다. 특히 호스트들이 제공한 지역 정보와 추천은 여행 일정을 계획하는 데 중요한 역할을 했다. 우리가 선택한 숙소는 현지의 경험을 더욱 풍부하게 만들어주며, 각 지역의 독특한 문화와 생활을 가까이에서 느낄 소중한 기회가 될 것이다.

Appartement cosy à 5 min à pied du centre ville

Fernando 님이 호스팅하는 집 전체

체크인
10월 16일 (월)
오후 3:00

체크아웃
10월 17일 (화)
오전 11:00

주소

22 Rue de la Verrerie, 13200 Arles, France

<u>약도 보기</u>

에어비앤비(Airbnb)는 여행 중 현지 주민의 집에서 지낼 수 있는
독특한 숙소를 제공하는 플랫폼이다.
에어비앤비 사이트, www.airbnb.com

교통편 예약하기

출발은 인천공항(ICN)에서 바르셀로나 엘프라트 공항(BCN)
으로 향하는 일정으로 확정했고, 귀국은 니스 코트다쥐르 공항(NCE)
에서 파리를 경유해 인천공항으로 도착하는 비행기로 예약을 완료
했다. 10월은 여행하기 좋은 계절이라 예약을 다소 임박하게 진행하
면서 남아 있는 비행기 좌석이 많지 않아 어렵게 예약을 마칠 수 있
었다.

처음에는 바르셀로나에서 프랑스까지 렌터카를 이용할 계획이었으나, 바르셀로나와 몽펠리에의 일정이 주로 도심 관광 위주였고, 두 나라를 경유할 경우 렌터카 비용이 크게 증가할 것으로 예상되어 비경제적이라는 판단을 내렸다. 이에 차량은 몽펠리에 관광을 마친 후에 렌트하기로 변경했다. 바르셀로나에서 충분한 시간을 보낸 후 야간 버스를 이용해 이동하는 계획으로 조정했으며, 유럽에서 자주 사용하는 기차 및 버스 예약 사이트인 오미오(Omio)를 통해 예약을 진행했다.

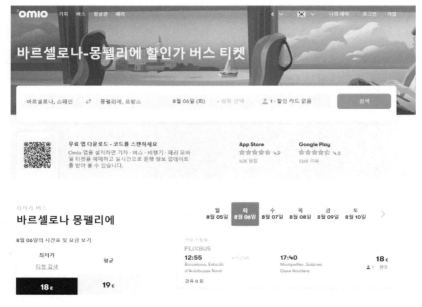

Omio는 유럽에서 기차, 버스, 항공편의 예약을 지원하는 플랫폼이다.
Omio 사이트, www.omio.co.kr

며칠 후 일정에 변동이 생겨 급히 버스 예약을 취소하고 기차를 이용하기로 했다. 바르셀로나 산츠역(Sants)에서 출발해 몽펠리에 생로크역(Saint Roch)으로 도착하는 기차를 알아본 후, 스페인 열차 예약 사이트인 렌페(Renfe)를 통해 기차표를 예약했다. 기차 여행은 바르셀로나에서 몽펠리에까지의 이동을 더욱 편리하게 만들어 줄 뿐만 아니라, 지중해의 아름다운 풍경을 감상할 기회가 되었다. 또한, 기차를 이용하게 되면서 바르셀로나에서 좀 더 여유롭게 시간을 보낼 수 있게 되었다.

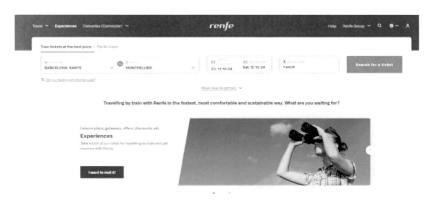

렌페(Renfe)는 스페인의 국가 철도 회사로, 다양한 기차 노선과 서비스를 운영하며,
기차 편 예약과 관련된 모든 사항을 온라인으로 처리할 수 있다.
렌페(Renfe) 사이트, www.spainrail.com

렌터카 예약은 여러 사이트를 비교하여 가격과 차종을 신중히 검토한 후, 몽펠리에역에서 차량을 인수하고 니스 공항에서 반납하는 일정으로 허츠(Hertz) 사이트를 통해 진행했다. 또한, 국제 면허증을 경찰서에서 발급받아 미리 준비해 두었다.

허츠(Hertz) 예약사이트, www.hertz.com

3.

출발, 드디어 떠나다

여행 1일 차, 이른 아침 우리는 설레는 마음을 안고 서울행 열차에 올랐다. 새벽이었음에도 열차는 많은 승객들로 붐볐고, 우리는 이번 여행 일정을 다시 한번 점검하며 비행기 표와 예약 서류들을 확인했다. 업무로 인해 해외 출장은 여러 번 다녔지만, 친구와 단둘이 함께하는 여행은 처음이라 가슴 한편에 작은 설렘이 차올랐다. 여행 계획에 대해 이야기를 나누다 보니 어느새 서울역에 도착했고, 우리는 공항철도를 타기 위해 서둘러 발걸음을 옮겼다. 플랫폼을 향하는 사람들은 저마다 큰 캐리어를 끌며 분주히 움직이고 있었다.

인천공항에 도착하자 마침내 일상에서 벗어나 새로운 도시로 떠나는 실감이 났다. 각양각색의 국적을 가진 여행자들이 공항을 가득 채우며 활기차게 움직이는 모습이 눈에 들어왔다. 수속을 마친 후, 여행 중에는 한국 음식을 쉽게 접하기 어려울 것 같아 공항 내 식당에서 마지막으로 된장찌개와 김치찌개를 즐기기로 했다. 이른 아침부터 서둘러 이동하느라 제대로 식사를 못 해서 그런지, 그 맛이 유난히 깊고 풍성하게 느껴졌다.

50대 두 남자, 나를 찾아 떠나는 바르셀로나와 남프랑스 여행

식사 후, 면세점과 여러 상점을 둘러보며 숙소 호스트들에게 줄 선물들을 고르고, 카페에 들러 잠시 휴식을 취했다. 공항 대형 창문 너머로 활주로에서 비행기들이 착륙하고 이륙하는 모습이 시야에 들어왔고, 우리가 탈 비행기도 어느새 계류장에 도착해 분주하게 짐을 싣고 있었다.

바르셀로나행 비행기가 이륙 준비를 하고 있다.

탑승 게이트로 향하는 길, 곳곳에 설치된 안내 표지판과 디지털 스크린들이 마치 여행의 시작을 축하해주는 듯했다. 그 표지판들이 여행객들에게 친절히 길을 안내해 주었고, 그 속에서 우리는 점점 더 설레는 마음을 느꼈다. 탑승 대기 구역에 앉아 한참을 기다리는데, 시간이 유난히 더디게 흘러갔다. 마침내 탑승을 알리는 안내 방송이 들려왔고, 우리는 순서에 따라 비행기에 탑승했다. 이제 인천공항을 떠나 지중해로 향하는 여정이 본격적으로 시작되었다. 비행기가 하늘로 떠오르며, 앞으로 마주할 모든 순간이 특별한 기억으로 남을 것이라는 기대감이 가슴을 채웠다.

비행시간은 약 12시간 정도였고, 그동안 우리는 잠을 자거나 책을 읽고, 영화를 보며 시간을 보냈다. 몇 번의 기내식이 제공되었고, 어느새 "바르셀로나에 곧 도착한다"는 기내 방송이 울려 퍼졌다. 창밖을 보니, 바르셀로나의 붉은 노을이 장관을 이루고 있었다. 고풍스러운 유럽 스타일의 건물들이 노을빛에 반사되어 눈부시게 빛나며, 도시가 마치 따뜻한 환영을 보내는 듯했다. 비행기가 착륙하고 바르셀로나 공항에 발을 디딘 순간, 기쁨과 설렘으로 가득했다.

입국 심사를 마치고 공항 로비에 들어서자, 다양한 문화와 사람들이 어우러진 활기찬 분위기가 우리를 맞이했다. 바르셀로나가 세계적인 관광지인 만큼, 여러 언어가 뒤섞인 소리가 들렸고, 그것은 마치 여

바르셀로나 공항 로비의 분위기는 활기차고 다문화적인 에너지가 가득한 공간이다.
세계적인 관광지로서 다양한 국적의 사람들이 끊임없이 오가는 모습이 인상적이다.

행의 시작을 알리는 신호처럼 느껴졌다. 이제 진정한 바르셀로나 여행
이 시작된다는 생각에 가슴이 뛰었다. 활기차고 열정적인 이 도시에
대한 기대감을 품고, 우리는 짐을 찾아 공항을 나섰다.

우리는 택시 승강장으로 향했다. 이미 많은 사람들이 줄을 서서 기다리고 있었다. 드디어 우리의 차례가 되어 택시에 올라탔고, 기사에게 호텔의 목적지를 알려주었다. 택시는 공항을 빠져나와 넓고 깨끗한 고속도로를 따라 바르셀로나 도심을 향해 달렸다. 차창 밖으로는 노을빛에 물든 고풍스러운 건축물들이 스쳐 지나갔다. 고속도로를 빠져나온 택시는 서서히 도심으로 접어들었고, 잠시 후 산츠(Sants)역 주변에 있는 호텔에 도착했다. 택시가 멈추자 친절한 운전사가 트렁크를 열어 우리의 짐을 꺼내주었다. 우리는 감사의 인사를 전하며 요금을 지불한 뒤 호텔 입구로 향했다.

호텔은 현대적인 건물로, 프런트 매니저는 친절하게 체크인을 도와주었다. 호텔의 규모는 크지 않았지만 산츠역에서 도보로 10분 거리에 있어 시내 교통 접근성이 뛰어났다. 캐주얼하면서도 모던한 분위기를 가진 호텔은 아늑한 느낌을 주었다. 객실은 깔끔하고 정돈이 잘 되어 있어, 여행으로 지친 몸을 편히 쉴 수 있는 공간이라는 생각이 들었다. 창문을 열자 거리의 활기찬 소리와 함께 지중해의 상쾌한 바람이 방 안으로 스며들었다. 발코니에 서서 주변을 둘러보니, 좁은 골목길을 따라 늘어선 가게들과 카페, 그리고 오가는 사람들의 모습이 마치 한 폭의 그림처럼 펼쳐졌다. 바르셀로나의 일상 속으로 바로 들어온 듯한 기분이었다.

산츠역 주변 호텔은 바르셀로나 도심과의 접근성이 뛰어나 여행객들에게 인기 있는 숙소이다.
교통의 요지에 있어 기차나 지하철을 이용한 이동이 매우 편리하고,
산츠역은 스페인 내외의 다양한 도시로 연결되는 교통의 중심지이다.

3. 출발, 드디어 떠나다

프런트 매니저는 주변의 맛집과 즐길 거리, 숨겨진 보석 같은 명소를 지도에 표시해 주며 상세히 설명해 주었다. 우리는 많은 출장으로 인해 처음 도착한 숙소의 이미지가 그 도시의 첫인상을 결정짓는다는 사실을 알고 있었다. 대부분의 여행객이 처음 접하는 곳이 바로 숙소이기 때문이다. 호텔에서 받은 이 첫인상은 앞으로의 여행이 잘될 것이라는 기대감을 안겨주었다.

우리는 서둘러 늦은 저녁을 먹기 위해 호텔에서 멀지 않은 한 카페를 찾아 길가 테이블에 자리를 잡았다. 덩치가 좋은 점원이 메뉴판을 가져다주었고, 우리는 시원한 맥주와 함께 매니저가 추천한 요리를 주문했다. 노상 카페에서의 식사는 비로소 바르셀로나에 도착했다는 실감을 느끼게 했다. 바르셀로나의 저녁 공기는 한국과는 사뭇 다른 여유롭고 낭만적인 분위기로 우리를 감싸 안았다. 옆 테이블의 사람들과도 가벼운 인사를 나누었다.

"오늘 아침까지만 해도 서울에서 된장찌개를 먹었는데, 지구 반대편에서 이렇게 저녁을 먹고 있다니."

"늘 고객들과 저녁을 먹다가 이렇게 편하게 식사하는 게 얼마 만인지."

"맞아. 그런데 이 노상 카페 분위기 참 좋은데 중년 남자 둘이 앉아 있는 게 영…" 농담을 건넸다.

"하하. 맞아. 여기서 이렇게 느긋하게 앉아 맥주 마시고, 지나가는 사람들 구경하니까 정말 여유로워 보이지 않냐? 한국에서는 이런 여유를 느끼기 쉽지 않은데."

"응, 우리나라에서는 항상 바쁘게 움직여야 하잖아. 일도, 식사도 빨리빨리. 그런데 여기선 시간이 천천히 흐르는 것 같아."

"자, 바르셀로나에 무사히 도착한 걸 기념하며, 그리고 우리의 무탈한 여행을 위해…. 건배!"

바르셀로나의 노상 카페는 도시 특유의 매력을 한껏 발산하고 있는 장소이다.
아늑하게 꾸며진 외부 좌석에는 각양각색의 테이블과 의자들이 배치되어 있었고,
그 위에는 밝은 조명이 걸려 있다. 거리의 일상과 사람들의 움직임이 조화롭게 어우러지며,
카페는 바르셀로나의 따뜻한 분위기를 한층 더 돋보이게 하고 있다.

우리는 그동안 일들을 이야기하면서 남은 맥주를 천천히 마셨다. 노상 카페에서의 늦은 저녁은 그렇게 여유롭게 흘러갔고, 바르셀로나의 아름다움을 만끽했다. 달빛이 거리를 은은하게 비추고, 사람들의 웃음소리가 배경음처럼 들리는 가운데, 우리의 대화는 깊어져 갔다. 첫날 밤의 여운을 가슴에 안고, 우리는 내일의 일정을 위해 호텔로 발걸음을 옮겼다. 거리의 음악과 바르셀로나의 밤공기가 오묘한 조화를 이루며, 이 도시에 대한 인상이 우리의 마음속에 깊이 간직될 것이다.

4.

정열의 도시, 바르셀로나 여행

바르셀로나 이미지, 출처: DALL-E

바르셀로나는 스페인 북동부의 카탈루냐(Catalonia) 지방에 있는 도시로, 이베리아(Iberia)반도의 지중해 연안에 자리 잡고 있다. 바르셀로나는 스페인에서 두 번째로 큰 도시이자, 카탈루냐의 수도로서 역사적, 문화적, 경제적 중심지 역할을 하고 있다. 바르셀로나의 역사는 기원전 1세기까지 거슬러 올라간다. 로마 제국 시절에는 '바르시노(Barcino)'라는 이름으로 알려졌으며, 작은 로마식 마을로 시작되었다. 중세 시대에는 고딕 양식의 건축물이 많이 지어졌으며, 오늘날에도 구시가지에서 그 흔적을 쉽게 찾을 수 있다. 특히 15세기와 16세기 동안 상업과 해상무역의 중심지로 성장하면서 경제적으로 번영을 이루었다.

바르셀로나는 특히 건축과 예술에서 세계적인 명성을 가지고 있다. 화가 파블로 피카소(Pablo Picasso), 호안 미로(Joan Miro)와 건축가 안토니 가우디(Antoni Gaudí) 등 많은 예술가를 배출한 도시로 유명하다. 가우디는 도시의 상징적인 건축가로, 그의 작품은 독특한 모양과 생동감 있는 색채로 잘 알려져 있다. 대표작으로는 사그라다 파밀리아 성당(Basílica de la Sagrada Familia), 구엘 공원(Park Güell), 까사 바트요(Casa Batlló) 등이 있다. 가우디의 작품들은 카탈루냐 모더니즘의 정수를 보여주며, 일부는 유네스코 세계유산으로 등재되어 있다.

바르셀로나는 지중해와 접해 있어 아름다운 해변을 자랑한다. 바르셀로네따(Barceloneta) 해변은 도심에서 가까워 많은 관광객과 현지인이 찾는 곳이다. 또한, 도시에는 '몬주익(Montjuïc)'과 '티비다보(Tibidabo)' 같은 언덕이 있어, 도시 전체를 조망할 수 있는 멋진 전망을 제공한다. 유럽에서는 축구가 가장 인기 있는 스포츠로, 바르셀로나에도 리오넬 메시가 활약한 세계적으로 유명한 축구 클럽인 FC 바르셀로나(FC Bar-celona)가 있다. 팀의 홈구장인 캄프 누(Camp Nou)는 유럽에서 가장 큰 축구 경기장 중 하나이다.

캄프 누를 방문하는 팬들은 경기장 투어를 통해 경기장 내부를 구경할 수 있다.
선수들이 경기장으로 입장하는 터널, 라커룸, 기자 회견실 등 다양한 장소를 직접 볼 수 있으며,
FC 바르셀로나의 역사를 한눈에 살펴볼 수 있는 박물관(FC Barcelona Museum)도 함께 방문할 수 있다.
이곳에는 트로피, 역사적인 유니폼, 선수들의 기념품 등이 전시되어 있다.

바르셀로나는 풍부한 역사와 현대적 요소가 어우러진 도시로, 그 아름다움과 다양성은 이 도시를 찾는 사람들에게 문화적인 매력에 흠뻑 빠지게 만든다.

가우디 건축물을 따라서

2일 차 여행에서는 가우디 투어를 할 예정이다. 어제 늦은 식사 후 인근 가게에서 사다 놓은 샌드위치와 과일로 간단히 아침을 먹고, 가우디 투어에 참여하기 위해 호텔을 나섰다. 우리는 바르셀로나의 전체적인 윤곽과 이곳 여행에서 빼놓을 수 없는 가우디의 인생과 그의 건축물을 감상하기로 했다. 그래서 반나절 가이드 투어를 한국에서 사전 예약해 두었다. 오전 8시 30분에 투어가 잡혀 있었기 때문에 발걸음을 재촉했다.

바르셀로나의 이른 아침은 마치 새로운 하루의 약속을 담고 있는 듯 조용하고 평화로웠다. 바르셀로나의 아침은 유난히 청명했고, 도시

바르셀로나 반나절 투어는 까사바트요, 까사밀라, 구엘 공원, 사그라다 파밀리아순으로 진행되었다.
출처: Google 지도 편집

의 숨결은 우리를 깊이 끌어당겼다. 태양이 건물 너머로 살짝 모습을 드러내며 도시는 서서히 깨어나기 시작했다. 거리는 아직 한산했고, 상점들은 문을 열 준비를 하며 조용히 움직이고 있었다. 거리를 따라 늘어선 가로수 잎들은 밤새 내린 이슬에 반짝였다. 나뭇잎 사이로 스며드는 첫 햇살이 도로에 부드러운 그림자를 드리웠다. 그 위로 간간이 아침 산책을 즐기는 사람들이 보였다. 손에는 커피를 들고 여유롭게 걸어가거나, 개를 산책시키며 하루를 시작하고 있었다. 바람은 살짝 차가웠지만, 기분 좋게 피부를 스쳤다. 거리의 노상 카페들은 천천히 문을 열기 시작했고, 카페 안에서는 커피 머신이 작동하는 소리와 함께 갓 내린 커피 향이 퍼져 나왔다.

바르셀로나의 거리는 그 자체로 예술과 역사의 캔버스이다.
활기찬 도시의 중심지에서 시작해 보면, 좁은 골목길과
넓은 대로가 얽히고설킨 이곳은 매 순간 새로운 풍경을 선사한다.

한참을 걸은 후 오른쪽 모퉁이의 까사 바트요(Casa Batlló)를 처음 본 순간 우리는 마치 무언가에 머리를 얻어맞은 듯 걸음을 멈췄다. 해골

가이드는 건물의 화려한 외관을 배경으로,
가우디의 독특한 건축 철학과 그의 생애에 관해 설명을 시작한다.

처럼 생긴 건물 외관을 말없이 한참 동안 쳐다봤다. 건물 앞에는 많은 사람들이 모여 있었다. 우리가 예약해 둔 회사의 투어 깃발이 있는 쪽에 이미 일행들이 삼삼오오 모여 있었다. 가이드는 한국에서 간호사로 일하다가 바르셀로나의 매력에 빠져 투어 가이드로 나서게 되었다고 한다. 그 용기와 열정에 박수를 보내고 싶었다. 우리는 여러 가지 이유로 생활에 얽매여 살다 보니 하고 싶은 일이 있어도 엄두를 내지 못했는데, 젊은 나이에 그녀의 자유로운 선택이 마냥 부러웠다.

투어가 시작되자 가이드는 활기차게 이야기를 풀어놓기 시작했다. 가우디의 작품들은 단순한 건축물이 아니라 그의 철학과 자연에 대한 경외심이 담긴 예술 작품이라는 설명이 이어졌다. 까사 바트요의 외관부터 내부 구조까지, 가우디의 손길이 닿지 않은 곳이 없었다. 그녀의 설명을 듣고 나니, 건물 하나하나가 새롭게 보였고, 가우디의 열정과 그가 꿈꾸던 바르셀로나의 모습을 조금이나마 이해할 수 있었다.

안토니 가우디

가우디는 1852년 6월 25일에 스페인 카탈루냐 지방의 레우스(Reus)라는 마을에서 주물업을 하는 장인 집안의 5남매 중 막내로 태어났다. 어렸을 적부터 류머티즘을 앓아 지팡이를 짚고

까사 비센스는 마누엘 비센스 몬타네르의 의뢰를 받아 지은 집인데
초록색과 흰색 등 형형색색의 타일을 활용한 기하학적이고 감각적인 외관이 특징이다.
사진 출처: 트립어드바이저

다녔는데 친구도 없이 홀로 자연 속에서 많은 시간을 보냈다.

　이러한 어린 시절의 자연과의 경험은 '자연은 창조주의 탁월한 업적
이며, 지식의 궁극적인 어머니이자 최고의 스승'이라는 그의 건축 철학
의 근간을 형성했다. 가우디는 바르셀로나 건축전문학교에 입학하여
25세에 건축사 자격을 취득한 후 여러 프로젝트를 수주받으며 건축가
의 길을 걷기 시작했다. 1878년, 그는 까사 비센스(Casa Vicens)를 건축
하면서 본격적으로 유명해지기 시작했다. 같은 해 프랑스 파리에서 개
최된 만국박람회에서 장갑회사 사장인 에스테반 코메야(Esteban Comel-
la)는 자기 장갑을 전시할 진열대를 가우디에게 의뢰했다.

프랑스 만국박람회 때 가우디가 설계한 진열대 도면

가우디는 코메야를 위해 유리 전시장을 만들었고, 이를 파리에서 우연히 본 구엘(Eusebi Güell) 백작은 코메야에게 물어 가우디의 사무소를 직접 찾아갔다. 이 만남을 계기로 1883년부터 구엘 가문의 전속 건축가가 되었고, 이후로 '구엘'이라는 이름이 붙은 건축물을 대대적으로 설계하기 시작했다. 우리는 가이드로부터 가우디와 구엘의 이야기를 듣고 서로 얼굴을 쳐다본다.

"구엘 가문의 후원 덕분에 가우디는 자신의 천재성을 작품으로 펼칠 수 있었지. 천재적인 건축가의 재능도 대단했지만, 그걸 알아본 구엘 백작의 안목도 놀라울 정도야. 만약 가우디가 평생의 후원자인 구엘 백작을 만나지 못했다면, 이런 훌륭한 작품들을 남길 수 있었을까 싶어."

"구엘과 가우디의 관계가 우리 사이 같지 않아?"

"글쎄, 네가 가우디만큼 천재적이진 않은 것 같긴 한데."

서로 웃음을 나눈다. 인생
을 돌이켜보면, 우리 역시 주
변 사람들의 헌신적인 도움 덕
분에 이 자리까지 올 수 있었
음을 잘 알고 있다. 가우디와
구엘 백작의 만남은 인류에게
정말로 커다란 선물을 남긴 셈
이다.

구엘 백작

'까사 바트요'는 가우디가
디자인한 바르셀로나의 주택
중 하나로, 그의 독특하고 상
상력 넘치는 건축 스타일을 대
표하는 작품이다. 1877년 바르셀로나의 직물업자였던 바트요를 위해
지은 이 저택은 가우디의 건축물 가운데에서도 걸작으로 꼽힌다. 해
골을 연상시키는 외관의 테라스 장식 때문에 '까사 델 오소(Casa del os-
sos)', 즉 '뼈다귀의 집'으로 불리기도 한다. 해골, 생선 뼈 등 다양한 상
상을 불러일으키는 독특한 외관과 타일 장식, 옥상의 용 모양 장식은
바르셀로나의 수호성인 성 조르디의 전설의 기사 게오르기우스가 악
한 용과 싸워 이기는 내용을 담고 있다. 2층에는 자연광을 최대한 많
이 받을 수 있도록 전면 창문을 만들었는데, 내부 투어 시 전체 창틀
이 한 번에 위로 올라가는 설계에 또 한 번 감탄하게 된다.

까사 바트요는 바다를 형상화한 건물로 시체의 해골과 뼈를 연상시킨다.
거리 예술가가 나무껍질에 그린 그림도 예사롭지 않다.

자연에서 영감을 받은 그의 설계는 단순한 건축물이 아닌, 살아 숨
쉬는 생명체 같은 느낌을 준다. 곡선과 비정형적인 요소들이 조화를
이루어, 마치 꿈속에서나 볼 법한 환상적인 공간을 만들어냈다. 까사
바트요는 전통적인 건축 양식을 완전히 탈피하여, 건축이 예술의 한
형태로 승화될 수 있음을 보여준다. 가우디의 상상력과 창의력은 현대
건축가들에게도 여전히 큰 영감을 준다. 모든 요소가 합쳐져, 까사 바
트요는 하나의 예술 작품이라는 생각이 든다. 까사 바트요는 2005년
유네스코 세계문화유산에 등록되었다.

까사 바트요를 관람한 후, 우리는 가이드를 따라 그라시아 거리(Pas-
seig de Gracia)를 따라 이동했다. 매력적인 건축물들 사이를 걸으며 가

그라시아 거리는 바르셀로나의 독특한 건축과 문화적 명소들도 많이 포함하고 있다.
특히, 모던주의 건축 양식을 대표하는 여러 건물이 눈에 띄며,
바르셀로나의 건축적 역사와 문화를 느낄 기회를 제공한다.

우디의 예술 세계를 탐험하는 것이 매우 흥미로웠다. 마치 우리가 가우디의 상상 속을 걷는 듯한 느낌이었다. 이동 중에는 안내 이어폰을 통해 감성적인 노래가 흐르며 거리의 풍경과 잘 어울렸다. 그라시아 거리는 카탈루냐 광장에서 시작하여 북쪽으로 이어지는 약 1.5km의 가로수 길로, 주변에는 값비싼 명품 브랜드 샵들이 많이 있다. 20분 남짓 걸은 후, 우리는 까사 밀라(Casa Mila)에 도착했다.

까사 밀라, 흔히 라 페드레라(La Pedrera, 카탈루냐어로 채석장이라는 뜻)로 알려진 이 건물은 가우디가 바르셀로나의 부유한 밀라 부부의 의뢰를 받

몬세라트(Montserrat)는 독특한 바위산으로, 바르셀로나에서 약 50km 북서쪽에 자리 잡고 있다.
이 산은 기이하게 생긴 바위들이 모여 있어 '톱으로 자른 산'이라는 뜻의 이름을 갖게 되었다.
산 중턱에는 몬세라트 수도원 (Abbey of Montserrat)이 자리 잡고 있다.

아 1905년에 착공하여 5년 만에 완성한 주택이다. 몬세라트(Montserrat) 바위산에서 영감을 받아 거친 돌로 외부를 마감하여 자연미를 살린 이 아파트는 독특한 디자인으로 많은 주목을 받았으나, 건축 당시에는 평가가 항상 긍정적이지만은 않았다. 의뢰인과의 비용 문제로 소송이 벌어지기도 했으며, 공사는 중단과 재개를 반복하며 오랜 시간 논란의 중심에 있었다.

까사 밀라는 가우디의 천재성과 자연에 대한 깊은 이해를 보여주는 놀라운 작품이다. 자연에서 영감을 받은 유기적인 곡선과 독특한 디자인은 이 건축물을 예술의 한 형태로 승화시켰다. 까사 밀라를 처음 봤을 때 느껴지는 경외감은 그 자체로 강렬했다. 파사드의 물결치는 곡선과 바위 같은 질감은 마치 자연의 일부를 도심 한가운데로 옮겨놓은 듯한 인상을 준다. 내부에 들어서면, 자연광이 가득한 중정과 유연한 공간 배치가 편안하고 개방적인 분위기를 자아내며, 가우디의 설계 의도를 잘 체감할 수 있었다. 특히 지붕 위에 올라가면, 다양한 형태의 굴뚝과 환기탑들이 만들어내는 독특한 풍경은 마치 초현실적인 공간에 와 있는 듯한 느낌을 준다.

까사 밀라는 단순한 주거용 건물이 아니라, 혁신적인 건축과 예술적 창의성의 집약체라 할 수 있다. 가우디의 작품을 통해 건축이 단순한 기능적 공간을 넘어 예술적 표현의 수단이 될 수 있음을 다시 한번 깨닫게 되었다.

까사 밀라는 건축 당시 최악의 건축물로 비판을 받다가 시간이 흐른 뒤
큰 찬사를 받았다. 지붕 위 조각상은 스타워즈에 영감을 준 것으로 알려져 있다.

시간이 흐르면서 까사 밀라는 조각적인 측면에서 접근한 독창적인
모더니즘 건축 양식으로 큰 찬사를 받았다. 이 건물의 특징 중 하나는
지붕에 있는 조각상으로, 가우디는 독실한 가톨릭 신자로서 수호신을
표현한 것으로 전해진다. 이 조각상은 영화 〈스타워즈〉에 영감을 준
것으로 알려져 있다. 까사 밀라는 1984년에 유네스코 세계문화유산으
로 지정되었으며, 그 혁신적인 디자인이 국제적으로 인정받았다.

우리 일행은 까사 밀라 관람 후, 구엘 공원으로 향했다. 이곳은 바
르셀로나에서 비교적 높은 지역인 펠라다(Pelada) 산등성이로, 원래 가
우디의 후원자였던 구엘 백작이 아테네의 델포이를 재현한 전원 주택

단지를 만들고자 제안하여 60채의 주택이 들어설 예정이었다. 그러나 재정적 이유로 1914년까지 가우디가 기거하는 집을 포함한 건물 두 채와 중앙 광장, 타일 벤치 등만 지은 채 방치되었다. 1922년 바르셀로나 시의회가 이 땅을 사들여, 이듬해 시립 공원으로 꾸미고 일반인에게 공개한 이래 바르셀로나 시민들의 안식처가 되었다.

구엘 공원 입구는 주인공 스머프를 연상하는 집이 세워져 있으며,
자연스러움과 곡선, 타일을 덮은 지붕이 독특하다.
도마뱀과 뱀 조형물은 가우디의 독창적인 디자인 감각을 잘 보여주는 예술 작품이다.

구엘 공원 투어는 그야말로 마법 같은 경험이었다. 가우디의 독창적인 설계와 자연과의 조화가 공원을 걷는 내내 놀라움을 선사했다. 입구의 모자이크 건물들은 동화 속 과자의 집을 연상시키며, 바로 가우디의 세상에 들어선 느낌을 주었다. 계단 중앙의 모자이크 분수대와 연금술을 상징하는 도마뱀 조형물은 색감과 디자인에서 가우디의 세심함을 느낄 수 있었다.

1층 중앙홀은 86개 도리아식 기둥 안에
설치된 하수관을 통해 물을 모아두는 물탱크가 있다.
이 물은 분수로 연결되어 있다.

1층에는 시장의 역할을 하는 홀(hall)이 있고, 2층은 중앙 광장으로 설계되어 있다. 1층은 유리와 세라믹으로 만든 86개의 도리아식 기둥이 2층 지붕을 받치고 있으며, 공원에서 흘러내린 물은 기둥을 통해 흘러내려 물탱크로 모이도록 설계되었다. 천장은 변화무쌍한 타일 조각과 조각난 병과 돌을 재료로 한 네 개의 태양 모양 원반으로 장식되어 있으며, 이는 사계절을 의미한다.

기둥들의 배치가 파도의 소용돌이 모습과 비슷하다고 하여 파도 동굴이라 한다.

　광장으로 이어지는 독특한 경사진 통로를 따라 올라가면 중앙 광장
이 나온다. 보행자 통로는 현지 돌을 사용해 아치형으로 만들었는데,
얼핏 보면 나무로 만든 것처럼 보인다. 우리는 이 통로를 지나면서 자
연 속을 걷는 듯한 착각이 들었다. 2층의 중앙 광장은 구엘 공원의 중

심부에 위치한 넓은 공간으로, 다양한 기능과 건축적 요소들이 결합한 중요한 장소이다. 이 광장은 원래 주민들이 모여 축제나 집회, 공연 같은 다양한 활동을 할 수 있는 공간으로 설계되었다.

광장을 둘러싸고 있는 곡선형 벤치는 가우디의 대표적인 디자인 요소이다. 이 벤치는 주로 부서진 도자기 조각을 활용해 만들어졌으며, 벤치 자체가 하나의 예술 작품처럼 기능한다. 형태와 색상이 독특한 이 벤치는 가우디의 자연주의 철학을 반영하며, 사람들의 신체를 편안하게 받쳐주는 인체공학적 설계가 돋보인다.

구엘 공원의 벤치는 직선이 거의 없는 유기적인 곡선 형태로,
마치 뱀이나 파도의 물결처럼 공원을 감싸고 있다.
이는 가우디가 자연에서 영감을 받은 디자인 원칙에 충실했음을 보여준다.
벤치는 사람들이 편안하게 앉을 수 있도록 인체공학적으로 설계되어 있어,
곡선이 몸을 감싸는 느낌을 주고 있다.

구엘 공원에서 가장 눈에 띄는 것은 모든 시설물에 타일을 이용하여 표면을 처리하고 문양을 새겼다는 것과 울퉁불퉁한 돌을 이용한 기둥과 벽, 자유로운 곡선을 이용한 집들이다. 다른 공원에서는 볼 수 없는, 상상할 수 없는 소재와 창의적인 디자인을 엿볼 수 있다.

가우디의 건축물들은 단순한 건축물이 아닌, 하나의 예술 작품으로서 사람들에게 깊은 인상을 남긴다. 우리는 가우디가 어린 시절부터 동경한 자연을 작품 속에 녹여내기 위한 그의 상상력에 감탄하지 않을 수 없었다.

구엘 공원의 언덕에서 바라보는 풍경은 시간대와 날씨에 따라 다양한 모습을 보여준다.
특히 해가 지면서 바르셀로나의 노을이 도시를 물들일 때, 언덕에서 보는 경치는 환상적이다.
공원의 타일 장식과 건축물들은 노을의 빛에 반사되어 더욱 아름답게 빛난다.

우리 일행은 버스를 타고 가우디 작품의 결정체인 사그라다 파밀리아로 향했다. 사그라다 파밀리아를 처음 마주했을 때의 경외감은 말로 표현하기 어려웠다. 이 건축물은 단순히 크기와 규모에서 오는 압도

감뿐만 아니라, 가우디의 천재적 설계와 신앙심이 깃든 예술적 표현이 주는 깊은 감동을 선사했다.

젊은 시절 콘서트와 극장, 사교 모임을 즐겨하던 가우디는 나이가 들며 점차 종교적이고 신앙적인 사람이 되었다. 사교 모임을 멀리하고 검소한 생활을 했으며, 남루한 행색으로 다녔다. 1883년부터는 평생 설계한 사그라다 파밀리아 대성당 건설에 매진했지만, 재정 문제 등으로 완공되는 모습을 보지는 못했다.

사그라다 파밀리아는 '성(聖)가족'이라는 뜻으로,
예수와 마리아 그리고 요셉을 기리기 위한 성당이다.
원래는 가우디의 스승인 비야르가 건축 의뢰인과의 의견 대립으로 중도 하차하고
1883년부터 가우디가 맡게 되었다.

가우디는 40여 년간 성당 건축에 열정을 기울였으나
1926년 6월 사망할 때까지 일부만 완성되었다.
가우디 사후 100주년이 되는 2026년에 완공할 예정인데
전체가 완성되면 성당의 규모는 가로 150m, 세로 60m가 된다.

　사그라다 파밀리아는 신성한 '성(聖)가족'을 의미하는 것으로 예수 그리스도, 성모 마리아, 요셉을 기리기 위한 성당이다. 건물의 외관은 성경의 주요 사건들을 묘사한 조각들로 가득 차 있으며, 주요 파사드는 탄생, 수난, 영광의 파사드로 나뉜다. 탄생 파사드(Nativity Facade)는 예수의 탄생과 초기 생애를 묘사하며, 가우디가 생전에 완성한 유일한 부분이다. 이 파사드는 복잡하고 생동감 넘치는 자연과 생명, 희망의 상징으로 가득 차 있다. 그리스도의 탄생 장면을 중심으로 성경에 나오는 여러 인물들이 묘사되어 있으며, 장식적이고 세밀한 자연의 모습, 동물과 식물의 상징들이 가득해 풍요로움을 나타낸다.

탄생의 파사드는 사그라다 파밀리아의 정면 동쪽에 위치하며,
예수 그리스도의 탄생을 주제로 하고 있다. 가장 먼저 완성된 부분으로,
가우디가 생전에 직접 작업한 유일한 파사드이다.

수난 파사드(Passion Facade)는 바르셀로나 모더니즘 조각가이자 화가인 조셉 수비라슈(Josep Subirachs)가 가우디를 이어 완성하였다. 수비라슈는 사그라다 파밀리아의 서쪽에 위치한 수난의 파사드에서 예수 그리스도의 마지막 순간, 즉 고통과 십자가형을 묘사하는 작업을 맡았다. 수비라슈의 조각은 가우디의 자연스럽고 유기적인 곡선미와는 대조적으로 직선적이고 날카로운 느낌을 주며, 예수님의 고난을 표현하기 위해 보다 강렬하고 절제된 스타일을 사용했다.

서쪽에 위치한 수난의 파사드는 예수 그리스도의 고통과 죽음을 주제로 하고 있다.
예수님의 십자가형 장면이 극적으로 묘사되어 있다.
가우디는 이 파사드를 통해 인류를 향한 그리스도의 희생을 강조하고자 했으며,
그의 죽음과 부활을 통해 전달되는 구원의 메시지를 나타낸다.

남쪽에 위치한 영광의 파사드(Glory Facade)는 아직 완공되지 않았지만, 예수의 영광과 하늘나라로의 승천을 표현할 예정이라고 한다. 성당 내부로 들어섰을 때, 자연광이 스테인드글라스를 통해 흘러들어오는 모습은 마치 천국의 빛을 보는 듯한 느낌을 주었다. 기둥들이 나무처럼 솟아오르는 디자인은 자연과 신성을 결합한 가우디의 철학을 직접 체험하게 해주었고, 이곳에서 느껴지는 평온함과 경건함은 마음을 정화하는 듯했다.

사그라다 파밀리아는 단순한 건축물을 넘어, 인간의 창의성과 신앙, 자연과 예술이 하나로 융합된 공간이다. 또한, 건축과 예술, 신앙의 경계를 허물고, 우리에게 새로운 영감을 주는 진정한 걸작이었다. 우리는 가우디의 건축 철학을 깊이 이해하게 되었고, 그의 작품이 왜 전 세계적으로 존경받는지 알게 되었다.

가우디 본인도 대성당이 자신이 살아 있는 동안 완성되리라 장담하지 못했다. 그는 건축이 한창 진행되어 가는 도중에 동료들에게 이렇게 말하였다.

"나에게 죽음의 그림자가 드리우고 있다. 슬프게도 나는 내 손으로 이 성당을 완성하지 못할 것이다. 그래서 나의 후손들이, 다음 건축가가 이 건축물을 완성하고 이곳에 빛을 내려주리라."

1926년 6월 7일, 성당에서 미사를 마치고 돌아오던 길에 카탈루냐 법원 인근의 대로를 건너다 노면전차에 치여 치명상을 당했다. 전차의 운전사는 가우디를 지저분한 노숙자로 여겨 그냥 길가에 끌어다 놓은 뒤 전차를 몰고 가버렸다. 사고를 목격한 행인들이 가우디를 병원으로 데려가고자 택시를 찾았으나, 그의 볼품없는 차림새 때문에 세 번이나 승차를 거부당한 끝에 경찰관의 도움으로 겨우 택시를 잡아 산 파우(Sant Pau) 병원으로 이송되었다. 여기에서도 그를 노숙자로 여긴 의사는 크게 다친 그에게 기본적인 치료만 해주었다. 이때 가우디는

"옷차림을 보고 판단하는 이들에게, 그래서 이 거지 같은 가우디가 이런 곳에서 죽는다는 걸 보여주게 해라. 그리고 난 가난한 사람들 곁에서 죽는 게 낫다."라며 치료를 거부한 후, 결국 6월 10일 74세의 일기로 생을 마감했다.

가우디의 장례식은 1926년 6월 12일, 국장으로 치러졌고, 시신은 그가 마지막까지 열정을 쏟았던 사그라다 파밀리아 성당의 지하 묘지에 안장되었다. 그의 묘비명에는 다음과 같은 글이 새겨져 있다.

'안토니 가우디 이 코르네트 레우스 출신
향년 74세
모범적인 삶을 살아온 사람으로 위대한 예술가이며
경이로운 이 교회의 건축가.
1926년 6월 10일 바르셀로나에서 세상을 떠나다.
이 위대한 인간의 죽음으로부터의 부활을 기다리며
편히 잠들기를.'

우리는 그의 무덤 앞에 조용히 고개를 숙이고, 그가 남긴 작품들에 대한 경외감과 존경심으로 머리를 숙였다. 모든 사람의 염원처럼 '부활'을 조용히 기도해 보았다.

무덤은 간결하면서도 존경을 표하는 디자인으로 되어 있으며,
가우디의 삶과 업적을 기리는 조각들이 장식되어 있다.
묘비는 그의 고유한 스타일과 철학을 반영한 조각과 문구로 장식되어,
그가 남긴 건축적 유산과 그의 깊은 신앙을 함께 기린다.

50대 두 남자, 나를 찾아 떠나는 바르셀로나와 남프랑스 여행

사그라다 파밀리아는 현재도 건설 중이며, 완공 목표는 2026년으로 가우디의 사망 100주년이 될 것이다.

반나절 가우디 투어가 끝난 후 가이드가 제공한
바르셀로나 먹킷리스트가 식사선택에 많은 도움을 주었다.
출처, INDIGO TRAVEL

몬주익 언덕의 영웅을 찾아서

스페인 광장 주변에는 몬주익 올림픽 경기장, 카탈루냐 미술관, 호안 미로미술관등이 있고
보케리아 시장, 그리고 카탈루냐 광장 등 바르셀로나의
다양한 매력을 경험할 수 있는 곳이 많이 있다.
출처: Google 지도 편집

　오전에 가우디 투어를 마친 후, 우리는 1992년 바르셀로나 올림픽의 영웅 황영조의 발자취를 찾아 몬주익 언덕으로 향했다. 바르셀로나 몬주익에 있는 산츠 지구의 중심, 스페인 광장(Plaza of Spain)은 1929년 만국박람회를 계기로 세워졌는데, 사실 이 광장은 과거에 교수형이 집행되던 곳이었다. 47m 높이의 두 개의 베네치아 타워(Venetian Tower) 역시 무데하르(Mudejar) 양식으로 건축되었으며, 무역 박람

스페인 광장은 1929년에 열린 바르셀로나 국제 박람회(Barcelona International Exposition)를
기념하여 건축된 이곳은 도시의 역사적 유산과 현대적 요소가 결합한 공간으로,
다양한 랜드마크와 인상적인 건축물들이 모여 있다.

회장으로 사용되었던 마리아 크리스티나 거리와 연결되어 있다. 광장
의 중심에 있는 분수대는 안토니 가우디의 협력자인 조셉 마리아 주
올이 디자인한 것으로 알려져 있다.

카탈루냐 미술관은 로마네스크 미술품의 보고로 대표적인 작품으로는
성 바르바라 장식화(Retable of St. Barbara)와 성 미카엘의 장식화(Retable of St. Michael)가 전시되어 있다.

몬주익 언덕은 바르셀로나 남쪽에 있는 언덕으로, 람블라 대로와 벨 항구(Port Vell) 사이에 자리 잡고 있다. 도심에서 약 213미터 높이로 솟아 있어 도시 전체의 경관을 한눈에 볼 수 있다. 이 언덕은 올림픽 주경기장, 갤러리, 박물관, 야외극장 등 다양한 문화시설이 마련된 복합 단지로, 시민들에게 사랑받는 명소다. 이곳이 문화적으로 주목받기 시작한 것은 1929년 만국박람회 이후부터이다. 당시 전시관이었던 건물을 개조해 1934년에 국립 카탈루냐 미술관(National Art Museum of Catalonia)이 문을 열었고, 1975년에는 세계적인 예술가 호안 미로가 재단을 설립해 개관한 호안 미로 미술관(Joan Miro Foundation)이 들어서면서 문화 공간으로 탈바꿈했다. 이어서 1992년 바르셀로나 올림픽 개최로 올림픽 주경기장과 관련 시설이 들어서게 되었다.

바르셀로나 올림픽 공원(Olympic Park)은 1992년 바르셀로나 올림픽이 개최된 장소로, 넓은 공간과 경기장들이 자리하고 있다. 이곳에서 황영조 선수는 대한민국 국적으로 사상 첫 올림픽 마라톤 금메달을 획득했다. 우리는 TV를 통해, 급경사가 있는 '몬주익 언덕'에서 마지막 스퍼트를 내며 일본 선수를 제치고 1위로 결승선을 통과하는 황영조 선수의 모습을 아직도 생생하게 기억한다. 그때 우리는 대한민국을 얼마나 자랑스러워했는지 모른다. 이때부터 황영조 선수는 '몬주익의 영웅'이라는 별칭을 얻게 되었다. 결승점인 주 경기장은 몬주익 언덕 꼭대기에 있었다. 그 언덕에서 더위와 습도와 싸우며 달렸던 황영조 선수를 생각하면 가슴이 뭉클해진다.

우리에게는 뼈아픈 역사가 있다. 1936년 베를린 올림픽에서 우승한 고 손기정 옹은 일장기를 달고 뛸 수밖에 없었다. 그는 평소 "내 소원은 일본이 아닌 한국인 손기정으로 기억되는 것이다."라고 말했었다. 황영조 선수가 56년 만에 올림픽에서 우승하며 손기정 옹의 소원을 이루어 주었다.

황영조 선수는 1992년 바르셀로나 올림픽에서 1936년 손기정 선수 이후
56년 만에 마라톤에서 금메달을 안겨 주었다.

매직 분수(Magic Fountain)는 다양한 색상과 조명 효과를 통해 아름다운 쇼를 선보이며, 특히 밤에 더욱 빛을 발한다. 음악과 연동하여 분수의 높이와 물의 움직임을 다양하게 표현하는 공연도 펼쳐진다. 아레나 쇼핑몰(Arenas de Barcelona)은 과거 투우장이었으나 지금은 쇼핑몰로 탈바꿈했다. 이 쇼핑몰의 꼭대기에서 바라보는 스페인 광장과 카탈루냐 미술관의 야경은 그야말로 황홀하다.

스페인 광장의 매직 분수는 세계 3대 분수 야경쇼로 유명하다.
아레나 쇼핑몰은 과거 투우장이었으나 지금은 쇼핑몰로 탈바꿈하였다.

카탈루냐 미술관의 웅장한 건축물과 계단이 마주하는 넓은 광장 한편에 거리의 악사가 자리 잡고 있다. 50대 중반쯤 되어 보이는 그는 오르간을 연주하고 있으며, 그의 손끝에서 부드럽고도 열정적인 멜로디가 흘러나온다. 우리는 그의 음악에 매료되어 한참 동안 공연을 구경했다. 미술관 앞 계단에 앉은 몇몇 사람들은 연주의 여운을 느끼며 그의 연주 소리에 귀를 기울인다. 주위의 나무와 꽃들은 음악과 어우러져 한층 더 생기를 띠고, 멀리서 들려오는 도시의 소음마저 그의 연주 앞에서는 잔잔한 배경음처럼 느껴진다. 연주가 끝나자, 사람들은 박수와 환호를 보내고, 몇몇은 그의 앞에 동전을 넣는다. 이 순간만큼은 일상의 모든 걱정을 잊고 음악과 도시의 아름다움에 영원히 젖어들고 싶었다.

이곳에서 퀸의 보컬 프레디 머큐리(Freddie Mercury)와 스페인 오페라 가수 몬세라 카바예(Montserrat Caballe)가 1992년 바르셀로나 올림픽을 기념하여 'Barcelona'라는 노래를 불렀다고 한다. 이 곡은 도시의 웅장함과 매력을 잘 표현한 노래로, 두 사람의 하모니가 들려오는 것만 같다.

해 질 무렵, 카탈루냐 미술관의 계단은 바르셀로나의 분위기를 제대로 느낄 수 있는 장소다.
이곳에서 바라보는 바르셀로나의 야경은 그야말로 황홀하다.

"~~~

바르셀로나, 저 아름다운 지평선

바르셀로나, 햇빛에 빛나는 보석 같아

그대를 위해 나는 아름다운 그대 바다의 갈매기가 되리

바르셀로나, 그대의 문을 세상을 향해 열어라

신께서 뜻하신다면, 신께서 뜻하신다면

신께서 뜻하신다면

우리는 영원한 친구

만세, 바르셀로나

~~~"

　

우리는 다음 목적지로 보케리아 시장(Mercat de la Boqueria)을 찾았다. 이곳은 바르셀로나의 심장부인 람블라 거리에서 쉽게 찾을 수 있었다. 화려한 아치형 철제문을 지나 시장에 들어서면, 다채로운 색깔과 향기로 가득 찬 세상이 펼쳐진다. 입구에 들어서자마자 눈에 띄는 것은 다양한 색채의 과일들이다. 선명한 빨강, 노랑, 주황, 초록의 과일들이 가지런히 놓여 있어 마치 예술 작품을 보는 듯했다. 열대 과일부터 지중해 지역 특산물까지, 신선하고 잘 익은 과일들이 상인들의 손길에 의해 정성스럽게 진열되어 있었다. 우리는 열대 과일 주스를 즉석에서 사서 맛을 보았다.

과일 코너를 지나면 각종 육류와 해산물이 줄지어 있다. 싱싱한 해산물들이 얼음 위에 놓여 있고, 상인들은 활기차게 손님들을 맞이하며 신선한 상품들을 권한다. 살아 있는 랍스터와 게, 반짝이는 은빛의 생선들이 특히 눈에 띄었다. 고기 코너에서는 스페인 특유의 돼지 뒷다리 햄인 하몽이 천장에 주렁주렁 매달려 있고, 다양한 소시지와 육류 제품들이 방문객의 미각을 자극한다.

다양한 향신료와 허브를 파는 상점도 놓칠 수 없다. 이곳에서는 세계 각국의 향신료뿐만 아니라 바르셀로나 특유의 조미료도 구할 수 있다. 다양한 허브와 향신료가 뿜어내는 강렬한 향기는 그 자체로 매혹적이다.

보케리아 시장은 가장 크고 오래된 식료품 전문 재래시장이다.

카탈루냐 광장(Plaza de Catalunya)은 19세기 후반 에샴플레(Eixample) 신시가지의 개발과 함께 바르셀로나의 중심지로 형성되었다. 1929년에는 바르셀로나 국제 박람회를 맞이하여 광장이 현대적으로 재개발되었으며, 이후 바르셀로나의 대표적인 광장으로 자리 잡았다. 이 광장

현재 200여 개의 상점이 성업 중이다.

은 스페인 바르셀로나의 중심에 위치한 대규모 광장으로, 바르셀로나의 주요 관광 명소이자 교통의 요지이다. 바르셀로나의 구시가지(고딕 지구)와 신시가지(에샴플레)를 연결하는 중요한 지점으로, 도시를 탐방하는 많은 여행자들이 시작하는 곳이기도 하다.

카탈루냐 광장은 바르셀로나의 핵심 교차점으로, 바르셀로나의 주요 거리인 람블라 거리(Las Ramblas)와 파세오 데 그라시아(Passeig de Gràcia)가 시작되는 지점이기도 하다. 이 두 거리는 각각 역사적인 구시가지와 고급 쇼핑가로 이어지며, 관광객들에게 인기 있는 곳이다. 광장은 넓은 면적을 자랑하며, 중앙에는 다양한 분수와 조각상, 그리고 녹지 공간이 조성되어 있다. 이러한 조경은 도시의 번잡함 속에서 잠시 휴식을 취할 수 있는 여유로운 공간을 제공한다. 비둘기들이 많이 모여드는 곳으로도 유명해, 많은 사람들이 이곳에서 비둘기에게 먹이를 주며 즐거운 시간을 보낸다. 이 광장에는 여러 개의 기념비와 조각상이 설치되어 있다. 이들 중에는 바르셀로나의 중요한 인물이나 역사적 사건을 기념하는 작품들이 많다. 특히, 카탈루냐의 문화와 역사를 상징하는 조각들이 주목받고 있다.

광장 주변에는 대형 백화점과 쇼핑몰, 카페, 레스토랑이 밀집해 있다. 엘 코르테 잉글레스(El Corte Inglés)와 같은 대형 백화점은 이 지역의 주요 쇼핑 명소로, 관광객뿐만 아니라 현지인들도 자주 찾는다. 광장은 바르셀로나의 경제와 상업 활동의 중심지로서 역할을 하고 있다. 또한 중요한 정치적, 사회적 행사들이 자주 열리는 장소이기도 하다. 이곳에서는 대규모 집회, 문화 행사, 음악 공연 등이 자주 열리며, 바르셀로나 시민들이 모이는 중요한 장소로 기능하고 있다.

카탈루냐 광장을 기점으로 북쪽으로는 신시가지인 그라시아 거리,
남쪽으로는 구시가지인 람블라스 거리가 있다.

늦은 밤, 우리는 카페에서 추천한 와인 중 하나를 선택했고, 곧이어 와인과 함께 타파스 요리가 테이블에 놓였다. 와인 잔을 들어 건배하며, 와인의 깊은 향과 맛을 음미했다. 바르셀로나에서의 추억을 하나하나 얘기하면서 가슴속에 새기기 시작했다. 밤이 깊어지면서 카페의 조명은 점점 더 아늑하게 변해갔다.

"이곳에서 느낀 감동은 오래도록 기억에 남을 거야."

"맞아, 우리 삶의 새로운 활력을 얻은 것 같아. 가우디 같은 분들이 시대를 앞서가는 통찰력과 열정으로 우리에게 큰 울림을 주는 것 같아."

"세상은 힘 있는 사람들이 움직이는 것 같지만, 이러한 예술가, 과학자, 그리고 평범한 시민들이 변화를 주도하는 것 같아."

"2026년에 사그라다 파밀리아 성당이 완성되는 날 다시 오자."

이렇게 우리의 바르셀로나 밤은 끝이 났지만, 내일 바르셀로나의 마지막 여정과 프랑스 여행을 꿈꾸며 잠자리에 들었다.

파블로 피카소를 찾아서

고딕 지구 주변에는 피카소 미술관, ELS 4Cats, 바르셀로나 대성당 등 관광명소가 많이 있다.
출처: Google 지도 편집

여행 3일 차, 우리는 이른 아침부터 호텔에서 체크아웃하고 짐을 호텔에 잠시 맡겨 두었다. 오전 관광을 마친 후 기차로 몽펠리에로 넘어갈 예정이다. 바르셀로나의 옛 정취가 묻어나는 고딕 지구(Barri Gotic)와 보른 지구(El Born)를 둘러볼 계획이다. 아침 일찍 메트로를 타고 람블라 거리로 이동하였다. 비가 보슬보슬 내리고 있다. 노상 카페에서 빗소리를 들으며 카페에서 모닝커피와 간단한 스낵을 즐겼다. 이 거리는 카탈루냐 광장에서 콜럼버스 동상이 있는 해안까지 이어지는

보행자 전용도로로, 많은 관광객이 찾는 명소이다. 비가 그친 후, 우리
는 파블로 피카소 미술관을 보기 위해 중세 분위기가 짙게 풍기는 몬
카다 거리(Calle de Montcada)로 향했다.

바르셀로나는 대중교통(메트로, 시내버스, 트램 등)이 잘 갖춰져 있어
이동에 불편함이 없다. 매번 표를 사는 것보다 2박 3일 이상 머무는 일정이라면
T-10(대중교통 10회 이용권)을 구입하는 것이 저렴하다.

람블라 가리는 바르셀로나의 상징적인 거리로,
다양한 볼거리와 먹거리가 가득한 활기 넘치는 공간이다.
거리의 시작은 카탈루냐 광장에서부터 시작되어, 해변 근처까지 이어진다.

50대 두 남자, 나를 찾아 떠나는 바르셀로나와 남프랑스 여행

고딕 지구는 바르셀로나 구시가지의 중심에 있으며, 13세기에서 15세기 건축물과 카탈루냐 자치정부, 시청사 등이 자리하고 있다. 이곳은 고풍스러운 건축물과 좁은 골목길이 어우러져 독특한 매력을 발산한다. 고딕 지구의 중세 분위기는 도시의 역사를 직접 체험할 기회를 제공하며, 세월의 흔적을 느낄 수 있는 장소다. 고딕 지구 옆에 있는 보른 지구(El Born)는 골목골목마다 브랜드 숍과 예술가들이 운영하는 아름다운 상점들이 있어 볼거리가 풍부하다. 보른 지구의 활기찬 분위기와 독창적인 상점들은 지역의 현대적이고 예술적인 면모를 잘 보여준다.

고딕 지구는 스페인 바르셀로나에 있는 오래된 지역 중 하나로,
바르셀로나의 역사와 문화를 깊이 느낄 수 있는 장소이다.

우리는 좁은 골목길을 따라 걸어 미술관에 도착하게 되었는데, 고
풍스러운 건축물과 현대적인 미술관의 조화가 인상적이었다. 피카소
미술관(Museu Picasso)은 여러 개의 중세 저택을 합쳐 만들어진 건물로,
건물 자체가 하나의 예술 작품처럼 느껴진다.

피카소(Pablo Picasso, 1881-1973)는 20세기의 가장 영향력 있는 예술
가 중 한 명으로, 그의 작품은 미술사의 중요한 전환점을 이끌었다.
피카소는 스페인 말라가에서 태어나 어릴 때부터 예술적 재능을 보였
으며, 그의 아버지 역시 화가였고 피카소의 첫 스승이었다. 피카소는
바르셀로나와 마드리드에서 미술 교육을 받았으며, 젊은 나이에 이미
독창적인 스타일을 발전시켰다. 그의 초기 작품들은 사실주의에 기반
을 두었으며, 파리로 이주한 후부터 그의 예술적 경력이 본격적으로
시작되었다.

피카소의 청색 시대(1901-1904)는 그
의 초기 작품 중 하나로, 주로 파란색
톤을 사용하여 우울한 분위기를 담은
그림들이 주를 이룬다. 이 시기의 작품
들은 가난, 외로움, 죽음 같은 주제를
다루고 있으며, 대표적인 작품으로는
'라 비에'(La Vie, 1903)와 '작은 소녀와 비

피카소

둘기'(Child with a Dove, 1901) 등이 있다. 장미 시대(1904-1906)는 청색 시대 이후, 피카소가 더 따뜻한 색조를 사용하기 시작한 시기다. 장미색과 오렌지색이 주를 이루며, 이 시기의 작품들은 서커스 단원이나 곡예사 같은 주제를 자주 다루었다. '곡예사 가족'(Family of Saltimbanques, 1905) 이 이 시기의 대표작이다.

피카소는 조르주 브라크(Georges Braque)와 함께 입체파(Cubism, 1907-1914)를 창시했다. 이 기법은 사물을 여러 시점에서 동시에 본 것처럼 분해하여 재구성하는 방식으로, 전통적인 원근법을 부정하고 새롭게 재해석하는 시도였다. '아비뇽의 처녀들'(Les Demoiselles d'Avignon, 1907) 은 입체파의 시초로 불리는 작품이다. 제1차 세계 대전 후(1917-1936), 피카소는 일시적으로 고전주의적인 스타일로 회귀하기도 했으나, 1920년대 중반부터는 초현실주의적인 경향을 보이기도 했다. 이 시기 에는 다양한 매체를 실험하며 조각과 판화 등 여러 장르에 걸쳐 활동 했다. 피카소의 유명한 작품 중 하나인 '게르니카'(Guernica)는 1937년에 그려졌으며, 스페인 내전의 참상을 묘사한 작품으로, 전쟁과 폭력에 대한 강력한 비판을 담고 있다. 이 작품은 전쟁의 공포와 비극을 상징 적으로 표현한 걸작으로 평가받았다. 또한, '한국에서의 학살'(Massacre en Corée)은 피카소가 1951년에 제작한 것으로, 한국전쟁 중에 벌어진 민간인 학살 사건을 주제로 하고 있다. 피카소는 이 작품을 통해 전쟁 의 폭력성과 무고한 민간인들이 겪는 고통을 강하게 비판했다.

피카소는 말년(1940-1973)에 이르러 더욱 자유롭고 창의적인 스타일로 작업했다. 그의 후기 작품들은 강렬한 색채와 대담한 형식으로 특징지어지며, 그의 실험 정신을 보여준다. 피카소는 1973년 프랑스에서 사망했지만, 그의 영향력은 현대 미술 전반에 걸쳐 지속되고 있다. 피카소는 단순히 화가로서의 업적을 넘어, 20세기 예술 전반에 큰 영향을 미친 인물이다. 그의 작품은 현대 미술의 다양한 움직임에 영감을 주었으며, 입체파를 통해 예술의 새로운 표현 방식을 개척했다. 또한, 피카소는 그림뿐만 아니라 조각, 도예, 판화 등 다양한 분야에서도 활발히 활동하여 예술의 경계를 확장했다.

피카소는 그의 삶을 통해 끊임없이 새로운 것을 추구하며, 변화를 두려워하지 않았다. 이는 그를 20세기 최고의 예술가 중 한 명으로 자리매김하게 했다. 피카소의 혁신적 접근 방식과 다채로운 스타일은 그의 작품을 통해 다양한 감정과 사상을 전달할 수 있게 했으며, 그의 예술적 유산은 앞으로도 계속해서 새로운 세대의 예술가들에게 영감을 줄 것이다.

아비뇽의 처녀들

게르니카

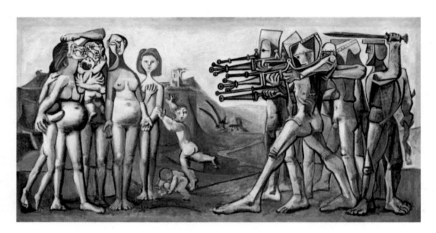

한국인의 학살

피카소 미술관은 바르셀로나에서 가장 인기 있는 미술관 중 하나로, 연중 관람객이 끊이지 않는다. 13~15세기경에 건축된 고딕 양식의 귀족 저택 여러 채를 개조해 만들어진 이 미술관은 세 개의 건물로 구성되어 있다. 1963년 피카소의 오랜 친구 하이메 샤바르테스(Jaume Sabartes)는 피카소로부터 선물 받은 초창기 작품을 바탕으로 미술관을 개관하고 초대 관장이 되었다. 그 후, 피카소의 여인 재클린 로크가 그림과 도자기를 기증하여 미술관이 확장되었다.

미술관 1층에서는 카페와 레스토랑, 아트숍이 있어 피카소 관련 상품과 목판화, 석판화, 데생 작품을 만나볼 수 있다. 2층에는 피카소의 유명 작품들이 전시되어 있고, 3층에는 그의 유년기 작품들이 전시되

어 있다. 기획 전시실에서는 연중 다양한 기획전이 열리며, 피카소의
소년기부터 말년까지의 작품 변화를 한눈에 살펴볼 수 있다.

바르셀로나에서 피카소의 흔적을
찾아볼 수 있는 곳 중 하나는 엘스
콰트레 가츠(Els 4Gats)이다. 사람들이
점심시간 전임에도 불구하고 긴 줄
을 서서 기다리고 있다. 30분을 기다
린 후, 우리는 카페로 들어갈 수 있었
다. 카페 공간은 크지는 않지만, 마치
시간 여행을 하는 듯한 느낌을 준다.
벽에는 피카소, 라몬 카사스(Ramon

Jaume Sabrates with Ruff and Bonnet
Royan(1939)

Casas), 산티아고 루시뇰(Santiago Rusiñol) 등의 예술가들이 남긴 작품과
사진들이 걸려 있었다. 피카소는 이 카페에서 많은 시간을 보냈다고
한다. 그의 첫 개인전도 이곳에서 열렸으며, 피카소의 초기 작품 중 일
부는 이곳에서 영감을 받았다고 한다. 벽에 걸린 피카소의 스케치와
그림들은 그가 이곳을 얼마나 사랑했는지를 잘 보여준다.

우리는 카페에서 추천한 음식을 주문하였다. 카페는 예술적 분위
기만큼이나 음식도 훌륭했다. 이곳에서 음식을 즐기며 예술가들이
나누던 대화를 상상해 보니, 우리도 그들과 함께 있는 듯한 기분이

피카소 미술관 전시 작품

바르셀로나 피카소 미술관은 약 4,000점 이상의
작품을 소장하고 있다. 이들 작품은 주로 피카소의
초기 시절에 제작된 것들로, 그의 청년 시절의
스타일과 주제를 잘 보여준다.

들었다. 엘스 콰트레 가츠에서의 시간은 단순한 식사가 아닌, 피카소
의 향수를 느낄 수 있는 특별한 순간이었다.

Els 4Gats는 "네 마리의 고양이"라는 의미로, 고양이가 독립적이고
자유로운 성격을 상징하기 때문에 이름이 붙여졌다.

우리는 느긋한 점심을 마친 후, 좁은 골목길을 따라 바르셀로나 대
성당(Catedral de Barcelona)에 도착했다. 바르셀로나 대성당은 고딕 지구
의 중심부에 우뚝 서 있으며, 그 웅장함은 처음부터 우리를 압도했다.
대성당은 1298년에 하우메 2세 때 건축을 시작해 1454년에야 완공된
오래된 성당이다. 성당의 외관은 섬세한 고딕 양식으로 장식되어 있
고, 특히 화려한 첨탑과 정교한 장식 조각들이 눈길을 사로잡았다. 성
당 내부에 들어서면, 높은 천장과 화려한 스테인드글라스 창문들이
먼저 시선을 끌었다. 내부는 그 자체로 하나의 예술 작품처럼 보였고,
고요하고 경건한 분위기에 마음이 차분해졌다. 대성당의 주 제단은 특
히 인상적이었다. 정교하게 조각된 성인들의 모습과 금박으로 장식된
제단은 그 화려함과 아름다움으로 감탄을 자아냈다. 특히 성인 에우
랄리아(Santa Eulalia)의 유해가 지하 묘소에 안치되어 있는데, 에우랄리
아는 바르셀로나의 수호성인으로 여겨진다. 사람들은 이 성인이 영원

히 바르셀로나를 지켜준다고 믿고 있다.

성당 내부에는 여러 개의 작은 예배당이 있으며, 각각의 예배당에는 독특한 예술 작품들이 전시되어 있었다. 주로 성경 이야기와 성인들의 삶을 묘사한 그림과 조각들이 많았다. 엘리베이터를 타고 옥상에 올라가 보니 바르셀로나의 아름다운 전경이 한눈에 들어왔다. 고딕지구의 붉은 지붕들, 멀리 보이는 사그라다 파밀리아 성당, 그리고 지중해의 푸른 바다까지 모두 감상할 수 있었다.

바르셀로나 대성당은 13세기에서 15세기 사이에 지어졌으며, 전형적인 고딕 양식을 자랑한다.
대성당의 외관은 높은 첨탑과 정교한 석조 장식으로 장엄함을 더하고 있다.

50대 두 남자, 나를 찾아 떠나는 바르셀로나와 남프랑스 여행

바르셀로나 대성당 앞 거리 공연은 도시의 역사와 문화를 직접 체험할 수 있는
생동감 넘치는 장면을 제공하며, 바르셀로나의 독특한 매력을
한층 더 깊이 느낄 기회를 제공한다.

성당 앞에 있는 넓은 광장에서는 거리 공연이 열려 활기찬 분위기를 자아내고 있었다. 한쪽에서는 카탈루냐의 전통 민속춤인 사르다나(Sardana)가 펼쳐지고 있었고, 다른 쪽에서는 젊은이들이 댄스 기량을 마음껏 뽐내며 열정적으로 춤을 추고 있었다.

5.

지중해의 숨은 보석, 몽펠리에 여행

몽펠리에 이미지, 출처: DALL-E

50대 두 남자, 나를 찾아 떠나는 바르셀로나와 남프랑스 여행

우리는 바르셀로나에서의 일정을 마무리하고, 프랑스 남부의 매력적인 도시 몽펠리에로 갈 예정이다. 오후 4시쯤, 호텔에 맡겨둔 짐을 찾아 가까운 산츠역(Estació de Sants)으로 갔다. 여행객들이 몽펠리에행 기차를 기다리며 긴 줄을 이루고 있었지만, 모두 여유로운 마음으로 기차를 기다리고 있었다. 그때, 우리 앞에 서 있던 20대 여성 한 명이 말을 걸어왔다.

"저는 중국인인데, 국적이 어디세요?"

우리 외모가 비슷해 보였는지 중국인으로 생각한 것 같았다.

"코리아입니다."

"오, K-pop을 좋아해요. 블랙핑크도 좋아해요."

이번 여행에서 K-pop 덕을 크게 보고 있다는 느낌을 받았다. 앞으로 외국에 나올 때 K-pop 몇 곡은 듣고 가수 이름 정도는 외워야 할 것 같다. 해외에서 한국의 위상이 점차 높아지고 있음을 실감한다.

"프랑스에서 유학 중인데, 유럽을 지금 여행 중입니다."

"한국은 와본 적이 있나요?"

"아직요. 가고 싶어요."

"꼭 한 번 와보세요. 이곳과는 또 다른 매력을 느낄 수 있을 겁니다."

우리는 민간 외교관이 되어 한국과 k-food에 대해 설명했다. 서로 이야기를 나누는 동안 기차가 도착했다. 우리는 예약한 좌석에 앉아 창밖으로 보이는 풍경을 바라보았다. 두 도시를 연결하는 기차 여행은 아름다운 풍경과 흥미로운 대화로 가득했다. 도시의 분주함이 점차 멀어지고, 지중해의 아름다운 해안선이 눈앞에 펼쳐졌다. 기차 안에서 우리는 남프랑스 여행에 관해 이야기하며 창밖으로 펼쳐지는 경치를 감상했다.

"지중해의 해안선을 따라 기차를 타는 건 정말 낭만적이야."

"맞아. 바르셀로나의 현대적이고 활기찬 모습과는 또 다른 매력을 느낄 수 있어."

기차는 스페인과 프랑스의 국경을 넘어가면서, 우리는 새로운 풍경을 맞이했다. 지중해의 해안선이 점차 프랑스의 전원 풍경으로 바뀌고, 넓은 포도밭과 작은 마을들이 눈에 들어왔다.

"시골의 풍경이 정말 아름다워. 저 끝없는 포도밭을 보니 왜 와인의 고장인지 알 것 같아."

"맞아. 몽펠리에에 도착하면 현지 와인을 꼭 맛봐야겠어."

몽펠리에행 기차는 지중해를 바라보며 달린다.
끝없는 포도밭과 갈대숲이 장관을 이루고 있다.

우리는 기차 안에서 간단한 스낵과 음료를 즐기며 여행의 여유로움을 만끽했다. 기차가 점점 몽펠리에에 가까워지면서 우리는 내릴 준비를 하며 가방을 정리했다. 기차가 몽펠리에역(Montpellier-Saint-Roch)에 도착하자, 우리는 새로운 도시에 대한 기대감을 가지고 기차에서 내렸다. 그러나 너무 늦은 시간이라 기차역은 한산했다. 허기진 배를 채우기 위해 주변 식당을 찾았으나, 모두 문이 닫혀 있었다. 결국 우리는 역에 있는 슈퍼마켓에서 먹을거리를 사고 택시를 타고 숙소로 향했다. 택시는 한참을 달려 도심 외곽으로 빠지자, 불안감이 밀려왔다. 다급하게 기사에게 물었다.

"숙소 가는 방향이 맞나요?"

"네, 숙소를 역에서 좀 떨어진 곳에 잡았네요."

숙소 담당인 한 박사는 김 대표의 눈치를 살피며, 너무 외곽에 잡은 것은 아닌지 걱정이 되었다. 20분을 더 달려 숙소 앞에 도착하니 다소 안심이 되었다. 그러나 방은 넓었지만, 난방과 침대, 이불이 부족했다. 우리는 호스트에게 전화를 걸어 불편 상황을 설명했다. 15분 후, 30대쯤으로 보이는 호스트와 남편이 방문해서 친절하게 문제를 해결해 주었다. 우리는 감사의 마음으로 한국에서 가져 온 선물을 주었다. 호스트가 너무 좋아하는 모습에 우리 기분까지 좋아졌다. 우리는 저녁 식사를 간단히 준비하고 와인과 함께 프랑스 입성 첫날밤을 자축했다.

여행 4일 차, 이른 아침부터 분주했다. 어제 사다 둔 과일과 샌드위치로 아침을 해결한 후, 짐을 챙기고 우버 앱(Uber)으로 택시를 불렀다. 몽펠리에역에 도착해 물품 보관함에 짐을 넣어 두고 역 밖으로 나왔다. 어제 저녁과는 다른 분위기가 느껴졌다. 고등학생과 대학생들이 걸음을 재촉하는 걸 보니, 등교 시간인 것 같았다.

몽펠리에 숙소에서 아침 식사를 간단하게 해결하고
(오른쪽) 우버앱을 통해 택시를 불렀다.

"몽펠리에, 특별한 일이 아니면 이 도시는 일부러 찾아오기 힘든 지역인 것 같아."

"그래, 몽펠리에는 대학도시라고 하는데 기대돼."

"지도를 보니까 역에서 출발하여 코미디극장 쪽으로 올라가서 개선문, 페이루 광장을 구경하면 될 것 같아."

몽펠리에는 프랑스 남부의 옥시타니(Occitanie) 지역에 있는 도시로, 지중해에서 약 10km 내륙에 자리하고 있다. 프랑스에서 가장 빠르게 성장하는 도시 중 하나로, 역사적 유산과 현대적 발전이 조화롭게 공존하는 곳이다. 특히 학문과 문화의 중심지로 알려져 있으며, 중세 시대에는 주요 상업 및 교육 중심지로 성장했다. 몽펠리에 대학교(University of Montpellier)는 유럽에서 매우 오래된 대학교 중 하나로, 의학과 법학 분야에서 큰 명성을 얻었다.

몽펠리에는 풍부한 역사적 건축물로 유명하다. 구시가지에서는 코미디 광장(Place de la Comédie)을 중심으로 좁은 골목길과 중세풍 건축물들을 볼 수 있다. 이 광장은 도시의 중심지로, 다양한 상점과 카페, 극장이 자리 잡고 있어 활기가 넘친다. 또한, 생 피에르 대성당(Cathédrale Saint-Pierre)은 14세기에 지어진 고딕 양식의 성당으로, 몽펠리에의 중요한 랜드마크 중 하나이다. 오페라 하우스(Opéra Comédie)와 파브르 미술관(Musée Fabre) 등도 도시의 문화적 명소로서 많은 방문객이 찾는다. 몽펠리에는 역사와 현대가 조화롭게 어우러진 매력적인 도시로, 지중해의 따뜻한 기후와 풍부한 문화적 자산을 갖추고 있다.

여행의 시작은 몽펠리에역에서 시작되었다. 아침 해가 서서히 떠오르면서 황금빛 햇살이 도시의 역사적인 건물들을 감싸며 거리 곳곳을 따뜻하게 비추고 있다. 가로수 길에서는 나뭇잎이 바람에 살짝 흔들리며, 자전거를 타고 출근하는 사람들, 신문을 읽으며 아침 시간을 보내는 노인들이 평화롭고 여유로운 분위기를 만들어낸다. 몽펠리에의 아침 거리는 시간이 천천히 흐르는 듯한 느낌을 주며, 방문객들에게 고요하면서도 활기찬 하루의 시작을 선사한다. 대부분의 상점은 여전히 문을 닫고 있지만, 카페에서는 아침 커피와 빵을 사려는 사람들이 줄을 서서 기다리고 있다. 거리에는 고풍스러운 건축물들이 줄지어 서 있고, 붉은색 지붕과 크림색 벽돌이 어우러져 아름다운 풍경을 연출하고 있다. 건물의 창가에는 작은 화분의 꽃들이 아침 바람에 살랑거린다. 트램이 미끄러지듯이 우리 앞으로 지나가며, 번잡한 대도시와 비교해도 너무 한가로운 풍경이 펼쳐진다.

몽펠리에 일정은 역에서 출발하여 코미디 광장, 개선문,
페이루 광장, 생 피에르 대성당 등으로 계획하였다.
출처: Google 지도 편집

트램 길을 따라 언덕을 올라가면, 몽펠리에의 중심인 코미디 광장(Place de la Comédie)이 시야에 들어온다. 이 광장의 명칭은 18세기와 19세기 두 차례의 대규모 화재로 파괴된 후, 다시 세워진 코미디 오페라 하우스의 이름에서 유래되었다. 광장 중앙에는 그리스 신화의 헤라, 아프로디테, 아테나를 묘사한 아름다운 조각 분수대, 즉 세 여신상 (Three Graces)이 자리 잡고 있다.

몽펠리에의 트램은 독특하고 예술적인 디자인으로 유명하다.
각각의 트램은 유명한 디자이너들이 설계한 테마와 색상으로 꾸며져 있으며,
이는 도시의 활기찬 문화와 예술적 감각을 반영한다.

우리는 커피를 마시기 위해 카페(Le Café1893)에 자리를 잡았다. 이 카페는 몽펠리에의 오랜 역사를 반영하고 있으며, 오랜 시간 동안 많은 이들에게 사랑받아 온 곳이다. 전통과 현대적 감각이 조화롭게 공

존하는 이곳은 파라솔이 설치된 노상 카페가 있어 아침 햇살을 차단해 주며 사람들이 커피를 마시며 느긋하게 대화할 수 있는 좋은 분위기를 제공한다. 우리는 광장에서 불어오는 시원한 아침 바람을 느끼며 몽펠리에의 진한 커피 맛을 음미했다.

코미디 광장은 몽펠리에의 가장 활기찬 장소로,
낮과 밤 모두 다양한 활동이 펼쳐지는 곳이다.
여행객들에게는 몽펠리에의 독특한 분위기를 체험할 수 있는 필수 방문지이다.

우리는 포슈 거리(Foch)를 따라 몽펠리에 개선문(Arc de Triomphe)으로 향했다. 이 개선문은 위대한 태양왕 루이 14세의 업적과 군사적 승리를

오페라 하우스는 18세기에 지어진 건축물로, 화려한 외관과 내부 장식이 인상적이다.
현재도 다양한 공연이 열리며, 문화 예술의 중심지 역할을 하고 있다.
프랑스의 카페는 보통 야외 테라스를 가지고 있으며,
사람들은 이곳에서 커피를 마시며 거리의 풍경을 감상한다.

기념하기 위해 건립되었다. 몽펠리에는 왕의 어머니인 안 도트리슈의 고향이기도 하다. 루이 14세가 몽펠리에에 많은 재정 지원을 하자, 몽펠리에 시민들이 기마상과 개선문을 세운 것이다. 개선문은 몽펠리에의 옛 성벽 일부였던 페이루 광장(Promenade du Peyrou) 입구에 있다. 개선문의 외관은 거대한 아치 형태로, 프랑스의 군사적 승리와 왕의 업적을 묘사한 다양한 조각과 부조로 장식되어 있다. 아치의 상단에는 루이 14세를 상징하는 태양이 새겨져 있으며, 이는 그의 별명인 '태양왕'을 상징한다.

몽펠리에 개선문과 기마상은 루이 14세의
업적과 군사적 승리를 기념하기 위해 건립되었다.

개선문을 지나면 바로 나오는 페이루 광장은 17세기 말에 조성된 아름다운 광장이다. 이곳은 방문객들이 역사와 자연을 동시에 즐길 수 있는 명소로, 몽펠리에에서 매우 유명한 장소 중 하나이다. 현지 주민들과 관광객들에게 사랑받는 이 광장은 루이 14세 시절의 화려함과 웅장함을 잘 보여준다. 광장의 중심에는 웅장한 왕의 기마 동상이 서 있다. 이 동상은 루이 14세의 권위와 위엄을 상징하며, 광장의 상징적인 랜드마크가 되었다. 광장 서쪽 끝에는 물의 탑(Château d'Eau)이 자리하고 있다. 이 탑은 몽펠리에 도시에 물을 공급하기 위하여 설치된 낙차 시설로, 높은 곳에 있어 물을 가정에 쉽게 급수할 수 있도록 하였다. 탑 아래로는 생 클레망 수도교(Aqueduc Saint-Clément)를 통하여 수로가 뻗어 있는 모습이 보인다.

광장은 몽펠리에 시내와 그 주변을 내려다볼 수 있는 멋진 전망을

물의 탑과 생 클레망 수도교는 18세기 후반에 건립되었으며,
이 건물은 도시의 상수도 시스템의 중요한 부분으로,
도시의 수돗물을 저장하고 분배하는 역할을 했다.

제공한다. 많은 사람이 피크닉을 즐기거나 책을 읽으며 여유로운 시간
을 보내고 있다.

몽펠리에 중심부에 있는 에퀴송(Ecusson) 거리는 이 도시의 역사와 문
화가 살아 숨 쉬는 곳이다. 중세의 매력을 간직한 이 거리는 고풍스러
운 건물과 좁은 골목길이 얽혀 있으며, 방문객들에게 시간 여행을 하는
느낌을 선사한다. 좁고 아기자기한 거리의 입구는 중세의 분위기를 그

대로 간직하고 있으며, 고풍스러운 건물과 돌담들이 길을 따라 이어진다. 건물들의 외관은 세련된 고딕 양식과 중세의 매력을 담고 있다.

"이 건물들, 정말 아름다워. 각각의 건축물마다 독특한 장식과 디자인이 있네."

"맞아, 이곳의 건물들은 모두 개성이 뚜렷해. 그 시대의 건축미를 느낄 수 있는 것 같아."

거리를 천천히 걸어가다 보면, 작은 상점들과 아늑한 카페들이 줄지어 서 있으며, 각기 다른 매력으로 사람들을 맞이하고 있다. 전통적인 상점들은 지역의 특산물과 독특한 기념품들을 진열해 놓고 있어, 지나가는 사람들이 이곳의 특색을 한층 더 느낄 수 있다. 이곳의 상점들은 단순히 물건을 파는 것이 아니라, 지역의 문화와 역사를 담은 이야기와 정성을 담아내고 있다.

또한, 거리 한쪽에는 아기자기한 카페들이 자리하고 있으며, 사람들은 프랑스식 커피를 여유롭게 즐기고 있다. 카페의 창문으로 들어오는 부드러운 햇살과 함께, 사람들은 따뜻한 커피 한 잔에 담긴 깊은 향을 음미하며 대화하거나 조용히 책을 읽는 등 각자의 시간을 보내고 있다. 특히, 거리의 한쪽 구석에는 분수대가 있어, 그 주위에는 시원한 물소리와 함께 도시의 평화로움을 만끽할 수 있다. 분수대 옆에 앉아 책을 읽고 있는 소녀의 모습은 특히 정감이 느껴지며, 그녀의 편안한 표정과 책에 몰입한 모습이 거리의 한편에 잔잔한 평화를 더해 준다. 이 모든 요소가 어우러져 거리는 마치 하나의 따뜻하고 정겹게 감싸는 공간처럼 느껴진다. 우리는 이곳과 동화되어 소소한 행복과 여유를 찾아가고 있다.

우리는 골목길 특유의 정취를 느끼며 몽펠리에의 생 피에르 대성당(Cathédrale Saint-Pierre de Montpellier)에 도착했다. 이 성당은 프랑스 남부에서 역사적이고 건축적으로 중요한 고딕 양식의 건축물이다. 생 피에

에퀴송은 복잡하고 구불구불한 골목길로 유명하다.
이곳을 걸어 다니면 중세 도시의 분위기를 그대로 느낄 수 있다.
중세와 르네상스 시대의 건축 양식이 혼합된 건물들이 많다.

르 대성당은 14세기 중반 교황 클레멘스 6세의 명령으로 건축되었으며, 당시 몽펠리에는 아비뇽 교황청의 영향 아래 있었고, 이 대성당은 교황의 후원으로 건축이 시작되었다. 성당의 건축은 1536년에 완료되었고, 이후에도 여러 차례 개조와 확장이 이루어졌다.

생 피에르 대성당은 고딕 양식을 대표하는 건축물로, 외관은 거대한 석조 벽과 하늘로 높이 솟은 두 개의 원통형 탑으로 구성되어 있다. 이 탑들은 방어적인 목적으로 설계되었으며, 성당의 중세적인 분위기를 한층 더 강조한다. 성당 입구의 아치형 포털과 섬세한 조각들은 고딕 양식의 특징을 잘 보여준다. 성당 내부는 넓고 높은 천장으로 이루어져 있으며, 아름다운 스테인드글라스 창문들이 빛을 받아 화려한 색감을 자아낸다.

대성당은 전형적인 고딕 양식으로 지어졌으며, 높은 첨탑과 정교한 조각이 특징이다.
고딕 양식의 아름다움과 웅장함을 잘 보여주는 건축물이다.

우리는 잠시 쉬어가기 위해 언덕길 위에 있는 아늑한 카페에 자리를 잡았다. 곧 앳된 외모의 점원이 메뉴를 들고 와서 우리에게 인사했다. 그는 이곳 대학에 다니면서 파트 타임으로 일하고 있다고 했다. 우리가 한국에서 왔다고 하자, 그는 반갑게 맞이해 주었다. 그 점원은 BTS 팬이라고 하며 노래 한 곡을 흥얼거렸다. 비록 우리가 그 노래들을 처음 듣는 것이었지만, BTS 덕분에 기분이 좋아졌다. 그의 진심 어린 반응과 한국 문화에 대한 관심 덕분에 더욱 따뜻한 기분을 느끼며 카페에서 느긋한 시간을 즐길 수 있었다.

우리는 따뜻한 커피를 두고 그동안 살아온 일과 앞으로 인생에 대하여 이야기를 나눈다.

"요즘 들어 깨닫게 된 게 하나 있어."라고 말문을 연다.

"인생엔 정답이 없다는 거야. 우리가 수없이 고민하고 선택하는 것들이 있지만, 결국 어느 길을 택해도 옳거나 그른 길은 없는 것 같아."

고개를 끄덕이며, 눈을 가늘게 뜬 채 잔잔한 미소를 짓는다.

"맞아, 모두가 각자의 길을 걸어가는 거지. 그 길이 틀렸다고 누가 말할 수 있겠어?"

"살면서 알게 된 건, 우리가 판단할 수 없는 수많은 변수들이 있다는 거야. 모든 선택에는 이유가 있고, 그 자체가 존중받아야 해."

"어렸을 땐 모든 걸 명확히 정하고 살아야 한다고 생각했지. 하지만 이제는 다르더라고. 누군가의 선택이 나와 다르다고 해서 틀린 게 아니고, 그 선택이 그 사람에게는 최선이었던 거야."

"정답을 찾으려 애쓰지 말고, 각자의 삶을 존중하는 게 중요하겠지."

"우리도 많은 굴곡을 겪어 왔잖아. 그 경험들이 우리를 만든 거고, 그 과정이 바로 인생이니까."

우리는 서로의 눈을 마주치며 조용히 웃는다. 말없이도 서로의 생각을 이해하는 듯, 깊은 공감 속에서 대화는 자연스럽게 흘러간다.

몽펠리에의 클래식한 카페 중 하나로, 넓은 야외 테라스에서
사람들이 오가는 것을 보며 느긋하게 식사하기 좋다.

빈센트 반 고흐의 발자취,
아를 여행

아를 이미지, 출처: DALL-E

카페에서 여유 있는 시간을 보낸 후 보관해 둔 짐을 찾기
위해 역으로 갔다. 몽펠리에역 안에 렌터카 영업소가 있었다. 영업소
에 도착하니, 카운터 앞에는 이미 몇 사람이 줄을 서서 예약을 확인하
거나 차량을 선택하고 있었다.

직원이 우리의 예약 내역을 시스템에서 확인하고, 차량이 이미 준비
되어 있고 몇 가지 주의 사항을 친절하게 설명해 주었다. 서류 작업이
모두 완료되자, 직원은 차량 열쇠를 건네주며 차량이 있는 장소로 안
내해 주었다. 우리는 예약된 차량을 확인한 후, 차량의 내비게이션 시
스템과 연료 상태 등 내부와 외부 상태를 꼼꼼히 점검하였다. 모든 준
비가 끝난 후, 다음 목적지인 아를로 출발하였다.

해외에서 차량을 렌터 시 출국 전에 국제운전면허증을 발급받아야 한다.
렌터카를 빌릴 때 예약한 차량 종류, 보험 조건, 연료 정책,
운전 제한 조건, 긴급상황 시 연락처 등을 확인해야 한다.

우리는 고속도로 대신 느긋하게 국도로 길을 잡았다. 점심을 해결하기 위해 지중해 해변에 있는 맛집을 검색해 찾아갔다. 인상 좋은 주인아저씨가 유쾌하게 우리를 맞아주었다. 지중해의 해산물 요리를 주문했는데, 큰 접시에 담긴 요리는 신선한 해산물의 향기가 코끝을 자극하며 색감도 매우 아름다웠다. 구운 문어는 겉이 바삭하고 속은 부드럽게 익어 있었으며, 오일과 허브가 살짝 뿌려져 있었다. 옆에는 조개와 홍합이 가득 담긴 파스타가 놓여 있고, 레몬 슬라이스가 곁들여져 있었다. 입안 가득 퍼지는 바다의 풍미와 함께 오일의 부드러운 감촉이 느껴졌다. 주인아저씨는 우리 옆에서 무용담을 늘어놓으며, 검투사 방패를 자랑스럽게 보여주셨다. 그의 이야기는 끝이 없었고, 방패를 휘두르며 한껏 멋을 뽐내셨다. 식사 후에는 해변을 거닐었다. 지중해 해변을 바라보니 가슴이 뻥 뚫린 듯한 시원함이 느껴졌다. 우리는 한참 동안 해변을 걸은 후 다음 여정을 위해 길을 나섰다.

몽펠리에 지중해 해변은 자연 그대로의 아름다움을 간직한 광대한 해변으로, 모래언덕과 넓은 모래사장이 인상적이다. 조용하고 평화로운 분위기에서 여유롭게 해변을 즐길 수 있다.

우리는 약 한 시간 반 정도 달려 아를(Arles)의 숙소에 도착했다. 나이가 지긋한 호스트가 따뜻하게 우리를 맞아주었다. 숙소는 론강 (Rhône River) 바로 옆에 있어, 강의 아름다운 경관과 신선한 공기를 즐길 수 있는 좋은 위치에 있었다.

숙소의 현관문을 열어보니, 목재로 된 계단이 2층으로 이어져 있었다. 2층은 큰방과 작은방이 있고 넓은 거실이 있다. 오래된 그림 액자들이 벽에 걸려 있었고, 서재 같은 느낌의 작은 책장에는 고전 책들이 가지런히 정렬되어 있었다. 거실에는 앤티크 가구들이 배치되어 있었으며, 커다란 창문을 통해 자연광이 환하게 공간을 밝혀 주었다. 창문 밖으로는 철제 발코니가 연결되어 있었고, 발코니에서 느껴지는 론강의 신선한 공기가 기분을 좋게 해주었다. '혹시 고흐가 이곳을 들르지 않았을까'라는 기분 좋은 상상을 하니, 아를에서 즐거운 시간을 보낼 수 있을 것 같았다.

아를은 화가 빈센트 반 고흐가 1888년부터 1889년까지 머물며 많은 걸작을 탄생시킨 곳이다.
그의 대표적인 작품인 '아를의 밤의 카페'와 '론강의 별이 빛나는 밤'이 이곳에서 그려졌으며
반 고흐의 발자취를 따라가는 '반 고흐 루트'가 있어, 그가 작품을 남긴 장소들을 탐방할 수 있다.

아를은 프랑스 남부 프로방스 지역에 있는 역사적인 도시로, 로마 시대의 유적과 고유한 프로방스 문화로 유명하다. 이 도시는 예술가 빈센트 반 고흐가 거주하며 많은 작품을 남긴 곳으로도 잘 알려져 있다.

아를 고대극장(Théâtre Antique d'Arles)은 기원전 1세기경에 아우구스투스 황제의 통치 시기에 완공되었다. 아를 원형극장은 반원형 구조로, 오케스트라(연주 공간), 무대건물(스케나)과 좌석(카베아)으로 구성되어 있다. 관객석은 여러 층으로 나뉘어져 있으며, 약 10,000명을 수용할 수 있다. 로마 시대에 이 극장은 연극, 음악, 춤 등 다양한 공연 예술이 펼쳐지던 장소였다. 이곳에서 고대 희극과 비극 작품들이 공연되었으며, 지역 사회의 중요한 문화적 행사들이 열린다. 로마 제국이 쇠퇴한 후, 극장은 오랫동안 방치되었고, 중세 시대에는 극장 석재가 다른 건축물로 재사용되기도 했다. 19세기 말부터 20세기 초에 걸쳐 극장 터에서 고고학적 발굴이 이루어졌다. 이 발굴을 통해 극장의 많은 부분이 복원되었으며, 이에 따라 극장의 역사적 중요성이 다시 인식되는 기회가 되었다. 오늘날, 이 원형극장은 다양한 문화 행사와 공연이 열리는 장소로 다시 사용되고 있다. 이 극장은 아를시의 다른 로마 유적들과 함께 1981년에 유네스코 세계문화유산으로 지정되었다.

콘스탄틴 목욕탕(Thermae of Constantine)은 로마 황제 콘스탄티누스 시대에 지어진 목욕탕 유적으로, 당시의 생활양식을 엿볼 수 있다. 12

고대 로마 시대에 연극공연이 이루어지고 목욕탕이 운영되고 있었다는 사실은
문화적인 수준이 높았음을 보여준다.

세기 로마네스크 양식으로 지어진 생 트로핌 성당(Cathédrale Saint-Tro-phime)과 수도원은 아름다운 조각과 건축물로 유명하다. 특히, 성당의 입구에 있는 섬세한 조각들이 인상적이다. 아를은 이처럼 풍부한 역사와 예술적 유산을 간직한 도시이다.

아를은 빈센트 반 고흐가 사랑했던 도시로, 그의 작품 속에 담긴 풍경을 직접 눈으로 확인할 수 있는 특별한 곳이기도 하다. **고흐**는 1853년 3월 30일, 네덜란드의 작은 마을 준데르트(Zundert)에서 태어났다. 그의 가족은 종교적이고 중산층이었으며, 그의 아버지는 개신교 목사였다. 고흐는 어린 시절부터 그림에 관심을 보였지만, 본격적인 예술 활동을 시작한 것은 성인이 된 후였다.

그는 처음에는 아트 딜러(art dealer)로 일하다가 목사, 교사 등 다양한 직업을 경험했지만, 1880년대 초반이 되어서 화가로서의 길을 본격적으로 걷기 시작했다. 고흐의 초기 작품(1880-1886)들은 주로 어두운 색조와 사실적인 주제를 다루고 있다. 이 시기의 대표작으로는 '감자 먹는 사람들'(The Potato Eaters, 1885)이 있다. 이 작품은 농민들의 가난하고 고단한 삶을 묘사한 것으로, 고흐의 사회적 관심을 엿볼 수 있다. 고흐는

고흐 자화상

1886년 파리(1886-1888)로 이주하여 인상파와 신인상파 화가들과 교류하면서 색채와 빛에 대한 이해를 깊이 발전시켰다. 이 시기의 작품들은 이전보다 훨씬 밝아지고 색채가 풍부해졌다. 그는 이 시기에 '자화상'(Self-Portrait)을 여러 점 그렸으며, 다양한 예술적 실험을 시도했다.

고흐는 1888년 프랑스 남부의 아를(1888-1889)로 이주하여 그곳의 밝은 햇빛과 풍경에 매료되었다. 고흐는 아를의 옐로 하우스(Yellow House)라고 불리는 집을 임대하며 생활했다. 이곳에서 그는 예술 공동체를 꿈꾸며 여러 예술가를 초대했다. 이 시기는 고흐의 예술적 성취가 절정에 달한 시기로, '해바라기'(Sunflowers), '밤의 카페 테라스'(Café-Terrace at Night) 등 그의 가장 유명한 작품들이 이 시기에 제작되었다.

아를에서 고흐는 정신적으로 불안정한 상태였고, 그의 친구이자 동

고흐가 아를에 임대해서 살았던 집. 고흐 작품 'Yellow House'

료 화가인 폴 고갱과의 갈등 끝에 자신의 왼쪽 귀를 자르는 사건이 발생했다. 이 사건 이후 고흐는 자주 정신적 위기를 겪게 되었다. 1889년 고흐는 생레미의 정신병원에 입원하여 치료받으면서도 작품 활동을 계속했다. 이 시기에 그는 '별이 빛나는 밤'(The Starry Night)과 '아이리스'(Iris-es)와 같은 걸작을 탄생시켰다. 1890년, 고흐는 파리 근교의 오베르 쉬르 우아즈(Auvers-sur-Oise)로 이주했으며, 이곳에서 마지막 몇 달 동안 매우 활발한 창작 활동을 펼쳤다. 하지만 그의 정신 상태는 점점 악화되었고, 1890년 7월 27일, 그는 자살을 시도한 후 7월 29일 사망했다.

고흐는 그의 생애 동안 비교적 짧은 활동 기간에도 불구하고 2,100

고흐 작품, '해바라기 열다섯 송이'

여 점의 작품을 남겼으며, 그 중 860여 점이 유화이다. 그의 작품은 강렬한 색채, 독특한 붓놀림, 그리고 깊은 감정 표현으로 유명하다. 고흐의 작품은 강렬하고 선명한 색채가 특징이며, 그의 독창적인 붓놀림은 그림에 강렬한 생명력을 부여한다. 그는 특히 노란색과 파란색을 즐겨 사용했으며, 이는 그의 작품에서 자주 나타난다. 고흐의 그림은 그의 내면 감정을 강렬하게 드러낸다.

고흐는 일상적인 주제, 특히 자연과 인물, 정물 등을 자주 그렸다.

이번 여행에서는 아를의 매력을 만끽하며, 고흐의 발자취를 따라가는 시간을 가지려고 한다. 아를은 35세의 고흐가 1888년 2월부터 1889년 5월까지 약 15개월 동안 머물렀던 도시다. 도시 곳곳에는 고흐가 걸었던 길을 나타내는 동판이 붙어 있어, 이 동판을 따라가면 고흐가 그린 그림 속 장소들을 하나씩 발견할 수 있다.

이곳에서 고흐가 남긴 흔적을 따라가며 그의 작품과 그가 사랑했던 장소들을 탐험하는 것은 이번 여행의 큰 즐거움 중 하나가 될 것이다.

아를 일정은 고흐 카페, 고흐 정신병원(에스파스 반 고흐), 고대극장,
원형경기장, 이우환 미술관 등으로 고흐의 발자취를 느꼈다.
출처: Google 지도 편집

고흐는 아를의 풍경과 일상을 깊이 사랑했다. 그는 이곳에서 수백
점의 그림을 그렸고, 특히 해바라기, 밀밭, 올리브 나무, 그리고 아를
의 거리와 사람들을 주제로 한 작품들이 많이 탄생했다. 고흐와 그의
동생 테오의 관계는 매우 깊고 특별했다. 테오는 고흐에게 그저 동생
이상의 존재로, 그의 전 생애 동안 든든한 후원자이자 친구로서 중요
한 역할을 했다. 이 형제 간의 관계는 특히 그들의 편지 교환을 통해
잘 드러나며, 테오는 고흐의 예술적 경로에 지대한 영향을 미쳤다. 고
흐는 동생 테오에게 보낸 편지에서 아를에 대한 그의 인상을 전해주
고 있다.

고흐의 발자취를 따라서

"예전에는 이런 행운을 누려본 적이 없다.
하늘은 믿을 수 없을 만큼 파랗고
태양은 유황빛으로 반짝인다.
천상에서나 볼 수 있을 듯한
푸른색과 노란색 조합은
얼마나 부드럽고 매혹적인지."

고흐는 아를의 강렬한 햇빛과 밝은 색채에 매료되어, 자신만의 독특한 색채 감각을 더욱 발전시켰다. 아를 시기에 고흐는 그의 예술적 전성기를 맞이했다. 이 시기의 작품들은 강렬한 색채와 독특한 붓질,

그리고 빛의 표현이 특징이다. 그는 자연의 아름다움과 삶의 생동감을 표현하기 위해 강렬한 색상을 사용했고, 붓질 또한 더욱 두껍게 표현하였다.

고대 로마 도시의 각종 이벤트가 펼쳐졌던 포룸 광장(Place du Forum) 한쪽에는 고흐의 단골 카페(CaféVan Gogh)가 있다. 이곳에서 고흐는 "밤의 카페 테라스"(The CaféTerrace at Night)를 그렸다. 고흐는 동생 테오에게 보낸 편지에 이렇게 묘사하고 있다.

"푸른 밤, 카페테라스의 커다란 가스등이 불을 밝히고 있어.
그 위로는 별이 빛나는 파란 하늘이 보여.
바로 이곳에서 밤을 그리는 것은 나를 매우 놀라게 하지.
창백하리만치 옅은 하얀 빛은 그저 그런 밤 풍경을 제거해
버리는 유일한 방법이지.
검은색을 전혀 사용하지 않고 아름다운 파란색과 보라색,
초록색만을 사용했어. 그리고 밤을 배경으로 빛나는 광장은
밝은 노란색으로 그렸단다. 특히 이 밤하늘에 별을 찍어 넣는
순간이 정말 즐거웠어."

카페에 앉아 커피를 마시며 고흐가 이곳에서 느꼈을 감정을 상상해 보았다. 그가 사랑했던 아를의 밤하늘과 노란 조명이 어우러진 풍경을

직접 경험할 수 있어 감동적이었다. 고흐가 이 도시에서 바라봤을 별빛과 조명의 조화가 지금도 그대로 남아 있는 듯 느껴지며, 그가 느꼈던 감동과 영감을 간접적으로나마 경험할 수 있는 특별한 순간이었다. 이곳에서 그의 예술적 영감을 더욱 깊이 이해하고, 그의 그림 속 풍경과 감정을 체험하는 것만으로도 큰 의미를 느낄 수 있었다.

우리는 발길을 돌려 다음 장소로 이동했다. 아를에서의 삶은 고흐에게 완전히 평온하지 않았다. 그의 정신적 불안정은 점점 심화하였고, 결국 지역 주민들 사이에서 기피 대상이 되었다. 귀를 자른 사

이 작품은 아를의 포럼 광장에 있는 카페를 배경으로 했다. 고흐는 이 그림에서 강렬한 색상과 독특한 붓질을 사용하여 밤하늘의 별들과 카페의 밝은 조명이 어우러지는 장면을 묘사했다. 고흐 작품, '밤의 카페테라스'

건 이후, 그는 정신병원에 입원해야 했고, 아를에서의 생활은 마침표를 찍게 되었다. 고흐가 이 병원에 입원해 있는 동안 정원을 배경으로 그림을 그렸다. 그 당시와 비교해 보면 전체적인 배경은 변한 것은 없으나 주변 나무들이 많이 자란 것 같다. 정신병원은 현재 '에스파스 반

고흐'(L'espace Van Gogh)라는 이름의 고흐 기념관이 됐다. 이 당시에 그의 고통에 대하여 이렇게 편지를 쓰고 있다.

"내가 느끼는 고통과 공포는 내가 감당하기에 너무 큰 것 같다.
하지만 그림을 그리는 것이 나에게는 큰 위로가 된다.
나는 그저 내 정신을 잃지 않기 위해 끊임없이 그림을 그리려고 노력하고 있다."

이때 '별이 빛나는 밤에'(The Starry Night)는 고흐가 1889년에 그린 대표적인 작품 중 하나이다. 이 작품은 고흐의 독창적인 표현주의 스타일과 감정이 고스란히 담겨 있다. 이 작품의 하이라이트는 역동적으로 휘몰아치는 하늘이다. 파란색과 검은색의 강렬한 대비가 별과 달의 빛

고흐 작품, The Garden at Saint-Rémy
고흐는 1889년부터 1890년까지 이 정신병원에 입원해 있었으며, 이 시기에 그의 유명한 작품 중 일부를 그렸다.
병원에서 치료받는 동안 고흐는 주변 정원과 병원 내부를 주제로 한 여러 작품을 남겼다.

고흐 작품, '별이 빛나는 밤에'

을 더욱 도드라지게 하며, 혼란스러우면서도 신비로운 분위기를 자아
낸다. 소용돌이치는 구름과 빛나는 별들은 현실을 넘어선 초현실적
장면을 보여준다.

아를의 원형경기장(Arles Amphitheatre)은 아를 도시의 가장 유명한 역
사적 명소 중 하나이다. 이 경기장은 로마 제국 시절인 서기 90년에 건
설된 것으로, 원래는 검투사 경기와 같은 대규모 공개 이벤트를 위해 설
계되었다. 이 경기장은 로마의 콜로세움을 모델로 삼아 지어졌으며, 약

20,000명의 관중을 수용할 수 있었다. 아를 원형경기장은 타원형 구조로, 두 층의 아치형 기둥과 갤러리로 구성되어 있으며, 외관은 아름다운 석조 아치들로 장식되어 있다. 초기에는 검투사 경기와 전차 경주와 같은 로마 시대의 대중 오락 행사가 열렸다. 로마 제국의 붕괴 후, 경기장은 요새로 사용되기도 했으며, 중세 시대에는 내부에 주택과 교회가 들어서기도 했다. 오늘날 아를 원형경기장은 여전히 지역 문화의 중요한 부분으로 남아 있다. 특히, 매년 열리는 '페리아(Feria)'라는 축제 기간 투우 경기가 열리며, 다양한 문화 행사가 개최된다. 이 경기장은 1981년에 유네스코 세계문화유산으로 지정되었다. 우리는 원형경기장을 둘러보며 그 규모와 보존 상태에 감탄하지 않을 수 없었다. 반 고흐는 이 경기장을 배경으로 '아를의 원형경기장' 그림을 남겼다.

원형극장은 로마의 황제 아우구스투스 시절 도시의 벽을 허물고 지어진 원형극장으로
로마의 콜로세움에서 영향을 받은 건물로 높이 21미터, 길이 136미터에
20,000명을 수용할 수 있는 거대한 규모다.
고흐 작품, 'Spectators in the Arena Arles'

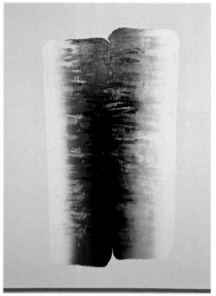

이우환은 조각가, 화가이면서 일본의 획기적 미술 운동인 모노파의 창시자이며, 동양사상으로
미니멀리즘(minimalism)의 한계를 극복하여 국제적으로 명성이 높다.
주요 작품으로는 〈선으로부터〉, 〈동풍〉, 〈조응〉, 〈점에서〉 등이 있다.

이우환 미술관이 아를에 있다는 소식에 놀라지 않을 수 없었다. 한
국의 대표적인 현대미술가 이우환의 작품 세계를 프랑스 남부의 아름
다운 도시에서 만나는 특별한 경험이었다. 아를의 역사적 건물들과
좁은 골목길을 지나면서, 그 역사적인 분위기와 현대적인 예술이 만나
는 지점에 이우환 미술관(LEE UFAN ARLES)이 자리 잡고 있었다.

미술관에 도착하면, 건물 자체의 디자인이 먼저 눈길을 끈다. 이 미
술관의 설계는 세계적인 건축가 안도 다다오(Tadao Ando)가 맡아 제작

아를의 거리는 역사적인 중심지에 있고, 고대 로마 시대의 유적과 중세 건축물이 혼합된 지역이다. 이곳에는
고풍스러운 건물과 상점들이 줄지어 있으며,
거리 자체가 역사적인 분위기를 물씬 풍긴다.

하였다. 미술관은 이우환 화가의 작품을 다양한 시각에서 감상할 수 있도록 배치되어 있다. 돌과 철판을 사용한 설치미술 작품들은 단순한 물리적 존재를 넘어, 자연과 인간, 그리고 시간과 공간의 관계를 깊이 탐구하게 만든다. 회화 작품들 또한 단순한 선과 색의 조합이지만, 그 속에는 깊은 사유와 명상이 담겨 있다. 작품 하나하나를 감상할 때, 우리는 자신도 모르게 작품에 몰입하게 되며, 작품이 뿜어내는 고요한 에너지에 이끌리게 된다.

아를의 좁은 골목길을 산책하며, 중세 시대의 흔적이 고스란히 간직된 이곳의 매력을 한껏 느꼈다. 골목길을 걷다 보면, 그 길이 자연스럽게 이어지는 작은 예술 갤러리와 아기자기한 상점들을 발견할 수 있었다. 각 상점은 독특한 분위기를 풍기며, 거리의 예술적 감각을 더해 주었다. 고풍스러운 건물과 벽돌길, 그리고 골목마다 숨어 있는 작은 가게들 덕분에, 마치 시간 여행을 하는 듯한 기분이 들었다. 이곳의 매력적인 골목길은 아를의 역사적 깊이와 현대적인 예술 감각이 어우러진 독특한 장소였다.

이제 노을이 원형경기장 벽면을 부드럽게 비추고 있다. 우리는 고흐가 론강을 따라 산책했듯이, 강을 따라 숙소로 발길을 돌린다. 이날 저녁, 고흐가 론강에서 그린 '별이 빛나는 밤에'처럼 야경이 그림처럼 아름다웠다.

고흐는 동생 테오에게 아를의 론강에 대해 다음과 같은 편지를 남겼다.

> "나는 지금 아를 강변에 앉아 있다.
> 별은 알 수 없는 매혹으로 빛나고 있지만
> 저 맑음 속에 얼마나 많은 고통을 숨기고 있는 것일까.
> 두 남녀가 술에 취한 듯 비틀거리며 걷고 있어."

고흐가 아름다운 별빛을 보면서 쓸쓸한 고독을 화폭에 담았을 것이다. 미국 가수 돈 맥클린(Don McLean)이 1971년에 발표한 명곡 'Vincent'의 노래를 흥얼거리며 아를의 다리를 건넌다.

론강의 야경과 고흐 작품, '아를의 별이 빛나는 밤'

"Starry, starry night

Paint your palette blue and gray

Look out on a summer's day

With eyes that know the darkness in my soul"

~~~"

아를에서의 여행은 고흐가 고민한 예술의 본질과 인간 존재에 대한
깊은 질문을 느낄 수 있게 해주었다.

"언젠가 내 그림이 팔릴 날이 오리라는 건 확신하지만,
그때까지는 너에게 기대서 아무런 수입도 없이 돈을 쓰기만
하겠지.
가끔씩 그런 생각을 하면 우울해진다."

그의 편지에는 현실적인 고민에 괴로워하는 가난한 예술가의 모습을 볼 수 있다. 그의 작품에서는 자연의 아름다움과 인간의 고통을 동시에 느낄 수 있다. 고흐는 생전에는 성공하지 못했으며, 그의 작품은 거의 팔리지 않았다. 하지만 사후 그의 작품들은 점점 더 높은 평가를 받게 되었고, 오늘날 고흐는 현대 미술의 선구자로 인정받고 있다. 그의 작품들은 전 세계의 미술관에서 사랑받고 있으며, 고흐의 삶과 예술은 수많은 영화, 책, 전시회의 주제가 되고 있다.

7.

교황들의 도시, 아비뇽

아비뇽 이미지: DALL-E 일러스트

여행 5일째 이른 아침, 우리는 간단히 커피와 샌드위치로 아침을 해결한 후, 한국에서 가져온 전통 문양이 담긴 열쇠고리를 호스트에게 선물하며 감사 인사를 전했다. 그리고 다음 목적지인 아비뇽(Avignon)으로 향했다. 차창 밖으로 펼쳐진 끝없는 포도밭 평야는 이곳이 포도주의 본고장임을 실감하게 해주었다.

아비뇽은 프로방스 알프코타쥐르(Provence-Alpes-Côte d'Azur) 지방의 보클뤼즈(Vaucluse) 주에 있는 도시로, 기원전 6세기 로마인들의 정착으로 형성되었다. 1309년 필리프 4세의 후원으로 즉위한 교황 클레멘스 5세가 아비뇽에 교황청을 둔 이래 1377년까지 교황청이 있었다. 교황이 아비뇽 교황청에 있었던 기간을 아비뇽 유수(Avignon Papacy, 1309-1377)라 한다. 약 70년 동안 7명의 교황은 모두 프랑스인이었다. 그로 인해 아비뇽은 '교황들의 도시'로 불리게 되었으며, 오늘날까지도 중세의 유산과 건축물을 간직한 채 문화적 중심지로 자리 잡고 있다. 이곳에서는 연극, 음악, 무용 등 다양한 예술 공연이 펼쳐지며, 미술관과 박물관에서 풍부한 예술 작품을 감상할 수 있다. 또한 아비뇽 인근의 작은 마을 샤토뇌프-뒤-파프(Châteauneuf-du-Pape)는 교황의 별장지였으며, 13가지 포도 품종으로 만드는 와인으로 유명하다. 이곳의 와인은 세계적으로 명성을 얻고 있으며, 와인 투어 역시 인기 있는 여행 코스다.

아비뇽은 한때 로마 가톨릭 교황청의 소재지로서, '교황들의 도시'로 불렸다.
프랑스의 예술과 문화의 중심지로, 아비뇽 연극제는
프랑스에서 가장 유명한 연극제 중 하나로, 국내외의 다양한 연극과 공연이 열린다.

50대 두 남자, 나를 찾아 떠나는 바르셀로나와 남프랑스 여행

아비뇽은 교황청, 로세 데 돔 공원, 생 베네제 다리 등
다양한 관광 명소와 중세의 골목길에서 즐길 수 있는 볼거리가 풍부하다.
출처: Google 지도 편집

아비뇽에 도착해 성벽 안으로 들어서자, 중세 도시 특유의 분위기가 물씬 느껴졌다. 거대한 성벽, 좁은 골목길, 그리고 그 속에 자리한 건축물들은 과거의 역사와 문화를 생생하게 간직하고 있었다. 도시 중심부에 있는 아비뇽 교황청(Palais des Papes)은 멀리서도 그 웅장함이 한눈에 들어올 정도로 위풍당당했다. 교황청 앞 광장에 서자, 역사의 중심에 서 있다는 경외감과 함께 깊은 감동이 밀려왔다. 우리는 입장권을 구매하고 내부로 들어갔다. 한때 찬란했던 교황청은 이제 텅 빈 예배당과 회랑은 세월의 무상함을 일깨웠다. 그러나 벽면에 남아 있는 그림과 조각 등을 통해 이곳이 얼마나 화려한 역사를 간직한 장소였는지 상상할 수 있었다.

아비뇽 교황청은 중세 교황청의 주요 거처로, 14세기 초반부터 70년간 교황이 거주했던 장소이다.
이 건물은 고딕 양식으로 지어졌으며, 넓은 전시 공간과 성당, 방들이 있다.

아비뇽 페스티벌은 매년 여름, 세계 각지에서 예술가와 관객들이 모여
드는 국제적인 공연예술 축제로, 연극, 무용, 음악 등 다양한 장르의 공
연이 펼쳐진다. 특히 아비뇽 교황청의 웅장한 무대에서 진행되는 공연
들은 독특한 분위기와 감동을 선사한다. 이 축제는 1947년, 프랑스 연
극 감독 장 빌라르(Jean Vilar)에 의해 시작된 이후, 아비뇽을 예술의 중심
지로 자리매김하게 했다. 또한, 축제 기간 도시 곳곳에서 펼쳐지는 야외
공연과 전시, 거리 예술가들의 퍼포먼스는 아비뇽 전체를 거대한 무대로
변모시킨다.

아비뇽 페스티벌은 7월에 세계 각국에서 몰려든 수십만 명의 인파로 북적이는
3주간 열리는 예술 축제이다.
연출가이며 배우인 장 빌라르(Jean Vilar)가 1947년 아비뇽 교황청의
야외 무대에서 연극 세 편을 공연했고, 이것이 큰 호응을 얻어 이후 계속 이어지게 됐다.

이처럼 교황청 내 공연장에서 열리는 아비뇽 페스티벌은 아비뇽을
예술의 도시로 상징하는 대표적인 행사이며, 연중 이어지는 다양한 공
연과 전시는 그 예술적 전통을 지속적으로 이어가고 있다.

이번 방문에서 세계적인 설치 미술가 에바 조스팽(Eva Jospin)의 작품
을 감상할 수 있었던 것은 큰 행운이었다. 그녀는 주로 판지(cardboard)
를 사용해 숲과 같은 자연경관을 정교하게 재현하는 설치 작품으로
유명하며, 이러한 독창적인 재료 선택은 자연과 인공의 경계를 탐구하
는 그녀의 철학을 반영한다. 에바 조스팽의 작품은 판지의 단순한 재
료적 특성을 넘어, 정교한 디테일과 깊이감을 통해 관객에게 압도적인

몰입감을 선사한다. 작품 속에서는 빛과 그림자가 절묘하게 어우러지며, 마치 실제 숲속을 거니는 듯한 독특한 시각적 경험을 제공한다.

그녀의 작품은 자연의 경이로움과 함께 인간이 자연을 재현하고 상상하는 방식에 대한 깊은 성찰을 담고 있어, 단순한 시각적 즐거움을 넘어선 철학적 메시지를 전한다. 이러한 점에서 에바 조스팽의 작품을 직접 마주할 수 있었던 이번 경험은 아비뇽에서의 예술적 여정을 더욱 특별하게 만들었다.

에바 조스팽은 프랑스 현대 미술가로, 주로 조각과 설치 미술에서 활동하고 있다.
그녀의 작품은 자연과 건축물, 그리고 미술의 경계를 넘나들며 독특한 시각적 경험을 제공한다.

교황청을 둘러본 후 우리는 언덕을 올라 로셰 데 돔 공원(Rocher des Doms)에 도착했다. 이곳은 아비뇽의 중심부에 있어, 도시의 역사와 자연을 동시에 느낄 수 있는 곳이었다. 언덕 위에서 내려다본 론강과 아비뇽 시내의 파노라마 같은 풍경은 그야말로 장관이었다. 잘 가꿔진 정원과 다양한 식물들, 곳곳에 자리한 작은 연못과 분수들은 고대 도시 속에서 평화로운 공원의 분위기를 만들어내고 있었다.

우리는 언덕을 내려와 론강을 가로지르는 생 베네제 다리(Pont Saint-Bénézet)로 향했다. 이 다리는 '아비뇽 다리'라고 불리며, 프랑스 남부 아비뇽의 유서 깊은 다리 중 하나다. 전설에 따르면, 12세기에 양치기 소년 생 베네제(Saint Bénézet)가 하늘의 계시를 받아 이 다리를 건설했다고 전해진다. 현재 남아 있는 다리의 4개 아치는 원래 22개였으나, 여러 차례의 전쟁과 홍수로 대부분이 파괴되었다. 이곳 다리에 올라보니 프랑스 민요 '아비뇽 다리 위에서'(Sur le Pont d'Avignon)의 멜로디가 어딘가에서 들려오는 듯했다. 그 노래의 가사처럼, 다리 위에서 춤을 추며 노래하는 낭만적인 장면이 떠올랐다.

"아비뇽 다리 위에서
우리는 춤을 춘다, 춤을 춘다.
아비뇽 다리 위에서
우리는 춤을 춘다, 둥글게
멋진 남성들은 이렇게 하고
또 한 번 더 이렇게~~~"

아비뇽의 론강과 생 베네제 다리

아비뇽의 여정은 프랑스의 풍부한 역사와 예술적 유산을 깊이 체험
할 수 있는 소중한 시간이었다.

색채가 아름다운 마을, 고르드와 루시옹

루시옹 이미지, 출처: DALL-E

우리는 아비뇽을 마음속에 깊이 간직한 채, 다음 여행지인 프로방스로 향했다. 중세 도시를 떠나며, 마치 과거에서 벗어나는 듯한 자유로움이 느껴졌다. 이번 여정은 아비뇽에서 출발해 고르드(Gordes)와 루시용(Roussillon), 그리고 엑상프로방스(Aix-en-Provence)로 이어지는 길이다.

아비뇽에서 출발하여 고르드와 루시옹 마을을 구경하고 엑상프로방스에 도착하였다.
출처: Google 지도 편집

아비뇽에서 엑스 프로방스로 이어지는 산악길은 프로방스의 자연을 만끽할 수 있는 최고의 드라이브 코스였다. 약 100 km에 달하는 이 여정은 도시의 풍경이 점차 사라지고, 눈앞에 펼쳐진 프로방스의 전원 풍경이 마음을 사로잡았다. 길을 따라 펼쳐진 넓은 라벤더밭과 올리브 나무들, 그리고 이국적인 나무와 풀밭이 여행자의 시선을 끌었다. 우리는 시골길에서 라벤더 박물관을 발견하고 멈춰서 내부를 둘러보았다. 작은 박물관이지만, 라벤더 관련 전시물과 제품들이 꽤 많이 전시되어 있었다. 김 대표가 흥에 겨워 노래를 부르는 사이, 우리는 고르드에 도착했다.

라벤더 박물관

고르드는 한 폭의 그림 같은 풍경과 고즈넉한 분위기로 우리를 맞이했다. 돌로 지어진 고대 집들과 좁은 골목길, 그리고 탁 트인 전망이 어우러져 중세의 정취를 물씬 풍겼다. 우리는 마치 시간 여행을 온 듯한 기분으로 이곳의 매력에 흠뻑 빠져들었다. 마을의 가장 높은 곳에 자리한 성과 그 주변의 집들은 중세의 신비로운 분위기를 더해주었다. 전망대에 서서 고르드와 그 주변의 경치를 내려다보니, 끝없이 펼쳐진 평원과 멀리 보이는 산들이 어우러져 그야말로 그림 같은 풍경이 눈앞에 펼쳐졌다.

"이 풍경 좀 봐. 정말 엽서에서나 볼 법한 광경이야."

"여기서 보면 정말 시간 여행을 하는 것 같지 않아?" 우리는 말을 건네며 주위를 둘러본다.

"이 돌담과 좁은 골목, 이 분위기… 마치 중세 시대로 돌아간 느낌이야."

고개를 끄덕이며 옆에 있는 오래된 창문을 살펴본다.

"응, 여기선 시간이 멈춘 것 같아. 저기 성에서 이 마을을 내려다보던 사람들은 무슨 생각을 했을까? 우리가 느끼는 것처럼 이 아름다움에 감동했을까?"

"아마 그랬겠지."

우리는 잠시 말을 멈추고, 앞에 펼쳐진 고르드 성을 향해 걸어간다. 고르드 성은 웅장하게 그들의 시선을 사로잡고, 그 너머로는 들판과 라벤더밭이 드넓게 펼쳐져 있다.

"응, 라벤더 향이 바람을 타고 오는 것 같아. 여기서는 자연이 예술이네."

"여름이 되면 라벤더가 만개해서 이곳이 더 아름다워질 거야. 상상만 해도 황홀한데?"

우리는 마을 중앙 광장에 도착해 벤치에 잠시 앉는다. 조용한 분위기 속에서 커피잔을 든 사람들이 여유롭게 시간을 보내고 있다.

"이런 작은 마을에서 사는 것도 참 좋을 것 같아. 시계 소리 없이 그저 자연과 함께 살아가는 거."

"맞아, 그런 평온함이 정말 매력적이야. 하지만 우리같이 바쁜 삶을 살아온 사람들에게는 이 고요함도 처음엔 어색할지도 몰라."

"그럴지도 모르지. 하지만 잠시라도 이런 곳에서 머물다 가면 분명 우리 마음속엔 이 평화가 남아 있을 거야."

고르드는 아름다운 중세 마을로, 1,000년의 역사를 간직한 곳으로
1525년에 르네상스 양식으로 보수를 했고, 지금은 역사 문화재로 보존 중이다.
언덕 위에 자리 잡고 있어 고르드 주변의 경치를 내려다볼 수 있다.

우리는 마주 보며 웃고, 고르드의 평화로운 공기를 가슴 속에 담으
며 조용히 풍경을 감상한다.

고르드에서 조금 떨어진 곳에는 12세기에 세워진 세낭크 수도원
(Abbaye de Sénanque)이 자리하고 있다. 이 수도원은 라벤더 밭으로 둘
러싸여 있어, 특히 여름철에는 수많은 라벤더 꽃이 만개하여 절경을

세낭크 수도원은 아름다운 중세 수도원으로, 그 주변의 라벤더밭과 조화를 이루는 경치로 유명하다.
수도원은 12세기 초에 설립된 수도원으로, 프랑스의 전통적인 건축 양식과
평화로운 자연경관을 대표하는 장소이다.

이룬다. 수도원은 고즈넉한 분위기와 자연이 어우러진 모습은 이곳을
찾는 이들에게 평화로운 안식을 선사하는 듯했다.고르드에서의 여정
을 마무리한 우리는 루시옹(Roussillon)으로 향했다.

　　　루시옹은 프로방스 남부의 뤼베롱(Luberon) 지역 언덕 위
에 자리 잡은 아름다운 마을로, 이곳의 독특한 붉은 오크르(ochre) 암
석과 토양이 만들어낸 따뜻한 색조의 건축물들이 마을 전체를 감싸고
있었다. 이러한 색채의 다양성은 루시옹을 프랑스에서 가장 아름다운
마을 중 하나로 만들어 주었다. 우리는 해질녘에 도착해, 빛과 그림자
가 어우러진 루시옹의 풍경을 카메라에 담으며 그 순간을 만끽했다.

루시옹은 독특한 지형과 색채로 유명하며,
특히 오크르(ochre)로 알려진 색깔이 주는
아름다움으로 잘 알려져 있다.
오크르 협곡(Le Sentier des Ocres)은
오크르가 풍부한 지형을 따라 걸을 수 있는
하이킹 코스이다.

50대 두 남자, 나를 찾아 떠나는 바르셀로나와 남프랑스 여행

루시옹은 전 세계적으로 몇 안 되는 오크르 채굴지 중 하나로, 오크르길(Sentier des Ocres)은 오크르 채석장 내부를 탐험할 수 있는 유명한 산책로다. 이곳에서 우리는 형형색색의 언덕과 바위를 가까이에서 감상할 수 있다. 마을의 모든 건축물이 오크르로 채색된 풍경 속으로 스며들어 있다. 따뜻한 톤의 색채는 계절과 시간에 따라 미묘하게 변하며, 마을의 건축물과 자연이 완벽한 조화를 이루어 마치 한 폭의 그림과도 같은 경관을 만들어낸다. 좁은 골목과 계단이 이어진 마을 곳곳에서 우리는 각기 다른 풍경을 발견하며 감탄을 자아냈다.

노을이 지는 풍경을 뒤로하고 우리는 엑상프로방스로 향했다. 이 여정에서 만난 모든 장면이 프로방스 지방의 매력을 온전히 느끼게 해주었다. 마치 영화 속 주인공이 된 듯한 하루였다.

엑상프로방스의 시골길에서 나 자신을 찾아본다.

9.

물의 도시, 엑상프로방스(Aix-en-Provence)

　　우리는 엑상프로방스 중심가에서 그리 멀지 않은 곳에 있
는 숙소에 도착했다. 하지만 예약 문제로 프런트 매니저와 이야기를
나누었을 때 의사소통이 원활하지 않았다. 다소 곤란한 상황이었지만,

엑상프로방스에서 선택한 숙소는 중심가에서 멀지 않은 곳에 있어
도시와 외곽를 여행하기에 편리했다. 숙소는 모던한 스타일로,
깔끔하게 정돈되어 있어 안락한 분위기를 자아냈다.

호스트에게 연락을 취해 문제를 해결할 수 있었다. 다행히 숙소는 우리가 묵었던 이전 숙소보다 모던한 스타일로 깔끔하게 정돈되어 있어 마음에 들었다.

숙소에 도착해 짐을 풀고 나니, 어느덧 늦은 저녁 식사 시간이 되었다. 프런트에서 추천받은 전통 프랑스 카페로 향했다. 그동안의 간단한 식사를 만회하기 위해 우리는 프랑스 전통 코스 요리를 주문했다. 풍성한 식탁 위에 차려진 요리는 여행의 피로를 녹여주며 진정한 프랑스 미식의 즐거움을 선사했다.

프랑스 코스 요리는 정통 프랑스 요리의 정수로, 여러 개의 코스로 구성된 식사 형태이다.
각 코스는 요리의 종류와 목적에 따라 순서대로 제공되며,
식사의 시작부터 끝까지 완벽한 흐름을 유지하는 것이 특징이다.

자연의 선물, 프랑스 남부

라벤더 농장 이미지, 출처: DALL-E

엑상프로방스 주변은 발렁솔르, 무스티에르 생트마리, 베르동 자연공원 등
진정한 프로방스의 분위기와 광활한 자연경관을 볼 수 있는 곳이 많이 있다.
출처: Google 지도 편집

여행 6일 차, 우리는 엑상프로방스 인근을 여행하기로 마음
먹고 아침 일찍 차를 몰아 발렁솔르(Valensole)로 향했다. 이 작은 마을
은 프로방스 지방의 대표적인 라벤더밭으로 유명하다.

발렁솔르 고원(Plateau de Valensole)은 세계적으로 가장 아름
다운 라벤더밭이 있는 지역으로 손꼽히며, 끝없이 펼쳐진 보랏빛 라벤
더 필드와 푸른 하늘이 어우러져 놀라운 풍경을 만들어낸다. 마을에
도착하자 끝없이 펼쳐진 라벤더밭이 우리를 맞이했다. 비록 수확이 끝
난 후였지만, 공기 중에는 여전히 라벤더꽃의 향기가 가득 차 있었다.

"이곳은 정말 놀랍다. 라벤더밭이 이렇게 광활하게 펼쳐져 있다니."

"8월에 왔으면 보랏빛 바닷속에 있었을 것 같아."

라벤더밭이 푸른 하늘과 맞닿아 있어 끝이 보이지 않는 풍경이 펼쳐지며,
그 배경으로는 푸른 산맥이 아련하게 보인다. 라벤더들이 빽빽하게 모여 만들어낸
파노라마는 그 자체로도 하나의 작품처럼 느껴진다. 이곳은 자연의 아름다움과
평온함이 조화롭게 어우러진, 마치 동화 속 장면을 현실에서 만난 듯한 장소이다.

9. 물의 도시, 엑상프로방스(Aix-en-Provence)

그 장관에 감탄하는 대화가 이어졌다. 우리는 라벤더밭 사이를 천천히 걸으며 자연이 주는 평화로움과 고요함을 온몸으로 느꼈다. 햇살이 부드럽게 비추는 가운데, 고요한 들판에서의 산책은 그저 일상에서 벗어난 힐링 그 자체였다. 길을 따라가며 우리는 라벤더 농장과 상점도 방문했다. 지역 특산품으로 유명한 라벤더 제품들의 제조 과정을 지켜보며, 이곳만의 독특한 매력을 한껏 즐겼다. 라벤더 향이 배어 있는 각종 화장품과 향초, 오일 등을 보며 우리는 그 풍성한 향취 속에 빠져들었다.

50대 두 남자, 나를 찾아 떠나는 바르셀로나와 남프랑스 여행

농장의 끝자락에는 작은 석조 건물이나 목재로 지어진 상점이 자리 잡고 있어,
라벤더 오일의 제조 과정과 다양한 상품을 구경할 수 있다.

발렁솔르 투어를 마친 우리는 무스티에르 생트마리(Moustiers-Sainte-Ma-
rie)로 향했다. 이 마을은 프랑스 남동부 알프드 오트 프로방스(Alpes-de-
Haute-Provence) 주에 있으며, 프로방스 지역의 한적한 시골 풍경을 고스
란히 간직하고 있는 아름다운 곳이다.

무스티에르 생트마리는 우아한 도자기 제작과 독특
한 자연 경관으로 널리 알려져 있다. '프랑스에서 아름다운 마을 중 하
나(Plus Beaux Villages de France)'로 선정된 바 있으며, 매년 많은 관광객
이 이곳을 찾아온다. 마을은 고대 로마 시대부터 사람이 거주해 온 곳
으로, 5세기경 기독교 수도사들이 이곳에 정착하면서 마을의 역사가
시작되었다. 중세 시대에는 성곽으로 둘러싸인 마을이었다. 마을은 뤼
베롱(Luberon) 산맥의 약 630미터 높이 절벽 아래에 자리 잡고 있어, 마

을 중심에서 바라보는 경치는 장관이다. 절벽을 배경으로 한 마을의 모습과 그 위로 펼쳐진 자연 풍경은 마치 그림 같은 절경을 이루며, 방문객들에게 잊지 못할 감동을 선사한다.

무스티에르 생트마리는 뤼베롱(Luberon) 산맥의 630미터 높이 절벽 아래에 있고,
바위산과 계곡, 그리고 그 사이를 가로지르는 시냇물이 어우러져
한 폭의 그림 같은 풍경을 만들어낸다.

무스티에르 생트마리 마을 위쪽의 절벽에 자리한 노트르담 드 보 (Notre-Dame de Beauvoir) 성당은 12세기에 건축된 로마네스크 양식의 성당으로, 이곳으로 가는 길은 262개의 계단으로 이루어져 있다. 계단을 오르면서 마을과 주변 경치가 펼쳐지며 절경을 감상할 수 있었다. 이 길을 걸으면서 성당이 어떻게 이런 외진 절벽에 세워졌는지 감탄하지 않을 수 없었다. 당시 성당을 건축한 주민과 수도사들의 헌신과 지혜에 경외감을 느끼게 된다.

노트르담 드 보 성당으로 가는 길은 좁고 구불구불한 돌계단으로 되어 있으며,
약 262개의 계단이 이어져 있다.
이 계단을 오르면서 마을과 주변 경관을 다양한 각도에서 감상할 수 있다.

성당의 제단은 중앙에 위치하고 있으며, 단순하고 우아한 디자인으로 성스러운 분위기를 자아낸다. 제단 위에는 종교적인 상징과 조각들이 배치되어 있으며, 예배와 기도를 위한 공간으로 잘 꾸며져 있다. 천장은 높은 아치형 구조로 되어 있어 내부 공간이 더욱 넓어 보이며, 이러한 구조는 공간의 신성함과 숭고함을 느끼게 한다. 성당의 내부는 아담하고 차분한 분위기를 자아내며, 그 고요함과 은은한 아름다움은 우리에게 깊은 평화감을 안겨주었다. 성당의 랜드마크 중 하나는 두 개의 절벽 사이에 쇠사슬로 연결되어 있는 금빛별이다. 전설에 따르면, 중세 십자군 전쟁에서 살아 돌아온 기사가 기적을 기원하며 이 별을 달았다고 전해진다. 이 별은 성당의 상징으로, 신성한 느낌과 역사적인 의미를 동시에 전달해 주고 있다.

노트르담 드 보 성당은 마을의 위쪽 절벽에 있는 역사적인 성당이다.
이 성당은 12세기에 건축된 로마네스크 양식으로, 그 독특한 위치와
건축적 특성으로 많은 방문객들을 매료시키고 있다.

50대 두 남자, 나를 찾아 떠나는 바르셀로나와 남프랑스 여행

도자기 박물관은 이 마을의 도자기 제작 역사를 한눈에 볼 수 있는 중요한 장소이다. 박물관 내부에는 17세기부터 현대에 이르기까지의 다양한 도자기 작품이 전시되어 있으며, 도자기의 제작 과정과 기법에 대한 정보도 상세히 소개하고 있다. 이곳을 방문하면 도자기 제작의 역사와 발전을 깊이 이해할 수 있다. 마을의 좁고 구불구불한 골목길을 따라 산책하며 고풍스러운 건축물과 아기자기한 상점, 갤러리들을 탐방하는 재미도 쏠쏠했다. 마을 곳곳에서 느껴지는 역사와 문화를 한껏 즐길 수 있었다.

점심을 먹기 위해 우리는 협곡 사이로 흐르는 계곡물을 감상할 수 있는 카페에 들렀다. 관광지 특성상 많은 인파가 몰려 주문을 받는 데 시간이 걸렸지만, 뛰어난 경치 덕분에 식사의 맛은 더욱 특별하게 느껴졌다. 아름다운 자연경관을 배경으로 한 식사는 그 자체로 큰 만족을 안겨주었다.

카페 메뉴

식사 후, 우리는 **베르동** 자연공원(Parc Naturel Régional du Verdon)으로 향했다. 이 공원은 숨 막히는 자연경관과 다양한 액티비티로 유명하며, 차창 밖으로 펼쳐지는 산악 풍경과 푸른 하늘이 우리를 맞이했다.

"저 멀리 보이는 산과 협곡을 봐. 정말 경이롭다."

"맞아, 이곳의 자연경관은 상상 이상이야."

베르동 자연공원에 도착하자, 우리는 장엄한 협곡과 풍부한 자연환경에 감탄을 금치 못했다. 특히 유명한 베르동 협곡(Gorges du Verdon)은 그 깊이와 규모는 상상을 초월했다. 협곡의 여러 전망대를 방문하며 그 장대한 모습을 한눈에 담을 수 있었다. 특히 베르동 협곡의 다리(Pont du Galetas)는 호수와 그 주변을 가로지르는 아름다운 구조물로, 다리 위에서 협곡과 호수를 내려다보는 그 순간은 마치 대자연의 위대함을 온몸으로 느끼는 듯한 경험이었다. 우리는 다리 위에서 호수와 산, 그리고 주변 자연을 감상하며 여유롭게 산책을 즐겼다. 많은 사람이 호수에서는 카약을 타거나 수영하며 즐겁게 지내고 있었다. 생트크루아 호수(Lac de Sainte-Croix)로 내려가 차가운 물에 손을 담그고, 어린 시절로 돌아가 물수제비를 하며 유쾌한 시간을 보냈다. 자연과의 친밀감 속에서 흥미롭고 즐거운 순간들을 만끽할 수 있었다.

베르동 협곡은 약 25킬로미터 길이로 뻗어 있는 이 협곡은
베르동강(Verdon River)에 의해 형성되었으며,
그 깊이는 일부 구간에서 700미터를 넘기도 한다.
생트크루아 호수는 베르동 협곡과 인접해 있으며,
자연의 평화롭고 고요한 면모를 보여주는 아름다운 호수이다.

50대 두 남자, 나를 찾아 떠나는 바르셀로나와 남프랑스 여행

우리는 생트크루아 호수를 따라 운전하다가 전망대에서 차를 멈추고 건너편의 그림 같은 집들을 구경하고 있었다. 그때, 멀리서 자전거를 타고 오는 두 명이 다가오는 모습이 눈에 들어왔다. 가까워질수록 그들의 모습이 더욱 선명해졌다. 라이더들은 밝은 미소를 띠며 여유롭게 페달을 밟고 있었고, 자전거에는 작은 프랑스 국기가 바람에 나부끼고 있었다. 자전거와 그들의 짐 상태를 보니, 오랜 시간 여행 중인 듯한 느낌이 물씬 풍겼다.

순간, 우리는 자연스럽게 손을 흔들며 인사를 나누었다. "Bonjour!" 우리가 밝게 외치자, 그들도 활짝 웃으며 "Bonjour!"라고 답해왔다.

알고 보니, 그들은 부부로 직장에서 은퇴하고 한 달 동안 프랑스를 여행 중이라고 한다. 그들의 모습은 나이와 상관없이 삶을 즐기고 새로운 경험을 추구하는 열정을 보여주고 있다. 우리가 한국에서 왔다고 하자, 반갑다고 하면서 함께 호수를 배경으로 사진을 찍자고 제안했다. 그 순간, 우리는 서로 다른 나라에서 온 여행자들이지만, 여행의 기쁨과 우정으로 그 순간을 공유할 수 있었다. 다음에는 우리도 아내와 함께 여행을 오자고 얘기했다.

장대한 협곡과 맑은 호수, 그리고 풍부한 자연이 어우러진 이곳에서의 경험은 우리에게 새로운 영감을 주었다. 베르동 자연공원은 단순한 관광지를 넘어, 프로방스의 자연을 깊이 느낄 수 있는 특별한 장소였다. 이렇게 우리는 베르동 자연공원에서의 멋진 하루를 마무리하고, 엑상프로방스로 돌아왔다.

우리는 자연이 만들어낸 이 거대한 풍경에 감탄하며,
그 장엄한 경치를 카메라에 담았다. 이곳의 풍경은 단순한 아름다움을 넘어,
대자연의 힘과 위대함을 실감나게 해 주었다.

폴 세잔의 발자취를 따라서, 엑상프로방스

엑상프로방스 이미지, 출처: DALL-E

여행 7일 차, 이른 아침, 우리는 숙소의 뷔페식당으로 내려 갔다. 음식은 정갈하게 준비되어 있었고, 정성이 느껴졌다. 나이 지긋한 매니저는 우리가 부족한 음식을 요청하자 친절하게 응대해 주었다. 식사를 마친 후, 우리는 체크아웃하고 엑상프로방스 시내를 구경하기로 했다. 주차하려고 빈자리를 찾던 우리는 같은 장소를 몇 번이나 돌았고, 결국 시내에서 조금 떨어진 곳에 주차할 수 있었다.

엑상프로방스는 폴 세잔의 아틀리에, 화가의 언덕, 미라보 거리,
생소뵈르 대성당 등 다양한 볼거리가 많이 있다.
출처: Google 지도 편집

엑상프로방스는 프로방스알프코트다쥐르(Provence-Alpes-Côte d'Azur) 지역에 위치하며, '프로방스의 물'을 뜻하는 이름처럼 도시 곳곳에 분수와 샘물이 많이 있다. 기원전 123년에 로마인들에 의해 세워졌고, 당시 이름은 아쿠아이 섹스티아이(Aquae Sextiae)였다. 초기에는 온천과 샘물 덕분에 휴양지로 발전하였고, 중세 시대에는 예술과 학문의 중심지로 번영했다. 특히 12세기부터는 프랑스의 교육 및 문화적 중심지로 자리매김했다. 이 도시는 예술과 문학의 도시로도 잘 알려져 있다. 특히 프랑스의 유명한 화가 폴 세잔(Paul Cézanne, 1839-1906)이 이곳에서 태어나고 활동했다. 세잔의 삶과 작품은 도시 곳곳에서 찾아볼 수 있으며, 그의 영향력 있는 예술적 유산은 엑상프로방스의 중요한 문화적 자산 중 하나이다.

폴 세잔은 근대 회화의 아버지로 불리며, 인상주의와 후기 인상주의를 잇는 가교 구실을 했다. 그의 작품은 20세기 초반의 현대 미술, 특히 입체파와 추상미술에 큰 영향을 미쳤다. 세잔은 1839년 프랑스 남부 엑상프로방스에서 태어나, 법률을 공부하다가 미술에 대한 열정을 좇아 파리로 이주하여 예술가로서의 경력을 시작했다. 초기에는 어두운 색채와 두꺼운 붓놀림이 특징인 감정적인 경향을 보였으나, 1870년대에는 인상주의 화가들과 교류하며 밝은 색채와 자연광에 관심을 가지기 시작했다. 1880년대 후반에는 엑상프로방스로 돌아와 자연의 형태를 단순화하고 색채와 형태를 통해 사물의 구조를 탐구하는 데 집중했다. 대표작으로는 '생트 빅투아르 산'(Mont Sainte-Victoire) 연작, '목욕하는 사람들'(The Bathers), '사과와 오렌지'(Apples and Oranges) 등이 있다.

세잔의 작업은 형태와 색채, 공간에 대한 새로운 사고방식을 제시하였고, 현대 미술의 탄생에 중요한 역할을 했다. 그의 작업 방식은 회화에서의 형태와 색채를 기하학적인 형태로 재구성하려는 시도로, 입체파 화가들에게 깊은 영향을 미쳤다. 세잔은 생전에는 크게 인정받지 않았으나 사후에는 미술사에서 중요한 위치를 차지하게 되었으며, 피카소는 '세잔은 우리 모두의 아버지'라고 강조했다.

폴 세잔 작품, '목욕하는 사람들'

우리는 먼저 폴 세잔의 작업실(Atelier de Cézanne)을 방문했다. 이 아틀리에는 프랑스의 유명한 후기 인상파 화가 폴 세잔이 사용했던 작업 공간으로, 엑상프로방스 외곽에 있다. 세잔은 생애 마지막 4년 동안 주로 이곳에서 작업했다. 세잔의 아틀리에는 그가 실제로 사용했던 도구와 가구들이 잘 보존되어 있어, 그의 작품 세계와 삶의 흔적을 느낄 수 있는 장소이다. 특히, 이곳에서는 세잔이 독특한 사과 정물화와 바위산, 생트 빅투아르산 풍경을 그린 작품들을 완성했다. 세잔은 자연광을 중요시했기 때문에, 그의 아틀리에는 큰 창문이 설계되어 풍부한 빛이 내부로 들어오게 되어 있다. 이 설계는 그가 다양한 빛의 변화를 관찰하며 그림을 그릴 수 있도록 도와주었다.

폴 세잔(Paul Cézanne, 1839-1906)은 프랑스의 후기 인상파 화가로, 현대 미술의 아버지로 불린다. 그는 고전적인 기법과 현대적인 감각을 결합하여, 미술사에 지대한 영향을 미친 예술가이다.

아틀리에 내부에는 세잔이 사용했던 그림 도구, 팔레트, 물통, 의자 등이 그대로 남아 있다. 또한, 벽과 선반에는 그가 수집했던 오브제와 스케치, 그리고 그의 예술적 영감의 원천이 되었던 소품들이 진열되어 있다. 세잔이 자신의 예술적 상상력을 발휘했던 공간을 직접 경험하며, 그의 창작 과정을 상상해 볼 수 있었다. 아틀리에는 세잔의 예술적 업적을 깊이 이해할 수 있는 중요한 장소로, 그의 생애와 작업 방식을 생생하게 엿볼 수 있는 특별한 경험을 제공했다.

아틀리에 주변에는 작은 정원이 조성되어 있다. 이곳은 세잔이 휴식을 취하고 영감을 얻기 위해 자주 찾던 장소이다. 정원에는 세잔이 사랑했던 나무와 식물들이 심겨 있으며, 아틀리에의 창문을 통해 정원의 아름다운 풍경이 한눈에 들어온다. 이 정원은 세잔의 작업 공간

폴 세잔의 아틀리에는 엑상프로방스 외곽에 있으며,
그의 생애 마지막 4년 동안 주로 사용한 작업 공간이다.
이곳은 그가 예술적 활동을 했던 장소로,
오늘날 그의 작업 환경을 그대로 간직하고 있다.

아틀리에는 세잔이 직접 사용하던 다양한 도구와 가구가 보존되어 있다.
벽과 선반에는 그가 수집한 오브제, 스케치, 그리고 그의 예술적 영감의
원천이 된 소품들이 진열되어 있다.
세잔이 작업에 사용했던 팔레트와 물통, 의자 등이 그대로 남아 있어
그가 작업하던 순간들을 상상하게 만든다.
폴 세잔 작품, '사과와 오렌지'

에 자연을 연결해 주며, 그의 예술적 상상력과 창조성에 깊은 영향을 미쳤던 곳이다.

우리는 아틀리에를 감상한 후, 아틀리에 뒤편에 있는 화가들의 언덕(Les Lauves Hill)으로 향했다. 이곳은 폴 세잔(Paul Cézanne)이 생애 후반에 자주 찾았던 장소로, 주로 생트 빅투아르산(Montagne Sainte-Victoire)과 그 주변의 풍경을 그렸던 곳이다. 많은 걸작이 이 언덕에서 탄생했으며, 세잔의 예술적 비전이 구현된 장소이다.

세잔이 활동하던 당시와 비교하면, 지금은 나무들이 많이 자라 그 풍경이 다소 달라졌을 것이다. 그러나 언덕에서 바라보는 생트 빅투아르산의 장엄한 모습은 여전히 세잔의 작품에서 자주 등장했던 풍경의 원형을 간직하고 있었다. 화가들의 언덕은 세잔뿐만 아니라 그의 영향을 받은 많은 예술가가 찾아와 작품 활동을 했던 장소이기도 하다. 언덕에는 세잔이 그림을 그렸던 특정 지점들이 표시되어 있어, 우리는 그곳에서 한참 동안 앉아 세잔의 시선으로 생트 빅투아르산과 주변 풍경을 감상할 수 있었다. 이곳에서 우리는 세잔의 예술적 영감을 직접 느끼며, 그의 작품 속에서 그려진 장면들을 실제로 체험하는 특별한 시간을 보낼 수 있었다.

화가들의 언덕은 세잔이 그린 작품의 배경이 되었던 장소로 유명하다.
특히, 세잔은 이곳에서 생트 빅투아르산을 비롯한 주변 풍경을 자주 그렸다.
또한 그가 영향을 미친 많은 예술가가 방문한 장소이기도 하다.
폴 세잔 작품, '생트 빅투아르산'

　　미라보(Cours Mirabeau) 거리는 엑상프로방스의 중심가로, 우아한 건물들과 그림 같은 분수들이 줄지어 있어 도시의 주요 상업 및 사회 활동 중심지다. 이곳은 카페와 레스토랑이 많아 산책하거나 휴식을 취하기 좋은 장소다. 거리 양쪽에는 조각된 건물들이 늘어서 있으며, 아기자기한 상점들과 문화적인 분위기가 도심을 더욱 매력적으로 만든다. 길을 따라 펼쳐진 상점들과 카페들은 여행객들에게 도시의 특색을 느낄 기회를 제공한다.

특히, 라 로통드 분수(Fontaine de la Rotonde)는 미라보 거리의 서쪽 끝에 있는 대형 분수로, 1860년에 건설되었다. 이 분수는 엑상프로방스의 중요한 랜드마크 중 하나로, 방문객들에게 시원한 물줄기와 아름다운 조각상들을 감상할 수 있는 멋진 장소를 제공한다. 분수 주변의 넓은 광장과 그늘진 나무들 덕분에 많은 사람들이 이곳에서 여유롭게 시간을 보내며, 도시의 분주함에서 벗어나 편안한 휴식을 취할 수 있다.

라 로통드 분수의 야경

생소뵈르 대성당(Cathédrale Saint-Sauveur)은 5세기부터 18세기까지 지어진 대성당으로, 로마네스크, 고딕, 바로크 건축 양식이 조화를 이루고 있다. 이 대성당은 엑상프로방스의 역사와 건축적 다양성을 잘 보여주는 대표적인 건축물로, 각 시대의 건축 양식이 어우러진 독특한

아름다움을 자랑한다. 내부
에는 화려한 스테인드글라스
창문과 중세 시대의 조각품
들이 장식되어 있으며, 특히
정교한 제단과 고풍스러운
분위기가 방문객들에게 깊은
인상을 남긴다.

생소뵈르 대성당은 엑상프로방스의
중심에 있는 역사적인 대성당으로,
프랑스의 대표적인 건축 유산 중 하나이다.
이 대성당은 기원후 5세기부터 18세기까지
여러 시대에 걸쳐 지어진 건축물로, 로마네스크, 고딕,
바로크 양식이 조화를 이루고 있다.

그라네 미술관(Granet Muse-
um)은 이곳 출생인 화가 프랑
수아 마리우스 그라네(Francois
Marius Granet, 1777~1849)에서 따
왔다. 14세기~19세기 유럽 유
명 예술가들의 그림과 조각을 전시하고 있다. 엑상프로방스의 대표적인
미술관으로, 12,000점 이상의 회화, 조각, 고고학적 유물을 소장하고 있
다. 이 미술관은 프랑스와 유럽의 중요한 예술 작품들을 포함하고 있으
며, 특히 세잔의 작품도 다수 전시되어 있다. 그라네 미술관은 세잔을
비롯한 다양한 예술가들의 작품을 통해 엑상프로방스의 풍부한 예술적
유산을 감상할 수 있는 중요한 장소다. 또한, 미술관 내부는 현대적인 전
시 공간과 고전적인 전시실이 조화를 이루며, 예술과 역사에 대한 깊이
있는 탐구를 제공하는 공간으로 유명하다.

엑상프로방스는 단순한 관광지를 넘어, 프랑스의 예술과 문화를 깊이 느낄 수 있는 특별한 장소인 것 같다. 이곳의 우아한 거리와 역사적인 건축물, 그리고 풍부한 예술적 유산이 함께 어우러져 독특한 분위기를 만들어낸다. 특히, 폴 세잔의 작업실과 그가 사랑했던 풍경들, 그리고 다양한 미술관이 이 도시의 예술적 깊이를 더해준다. 우리는 엑상프로방스의 매력을 충분히 만끽한 후, 여정을 마무리하고 새로운 여행지인 마르세유로 향했다. 지중해의 도시, 마르세유에서는 어떤 새로운 풍경과 이야기가 우리를 기다리고 있을지 기대에 부풀었다. 바다와 항구, 그리고 다양한 문화가 공존하는 이곳에서의 또 다른 모험이 우리 앞에 펼쳐질 것이다.

문화와 교역의 도시, 마르세유

마르세유 이미지, 출처: DALL-E

우리는 엑상프로방스에서 약 한 시간 동안 드라이브를 즐기며 마르세유 항구에 도착해 인근에 차를 주차했다. 항구 주변은 분주하면서도 활기찬 분위기로 가득했다. 푸른 지중해를 배경으로 다양한 배들이 정박해 있었고, 항구를 따라 늘어선 레스토랑과 카페들에서는 해산물 요리와 와인 향이 퍼져 나왔다. 마르세유에서의 새로운 모험이 시작될 준비가 된 듯, 우리는 설렘을 안고 도시를 둘러볼 준비를 했다.

마르세유(Marseille)는 지중해에서 가장 오래된 항구 도시 중 하나로, 특유의 다문화적이고 활기찬 분위기로 잘 알려져 있다. 다양한 역사와 문화가 어우러진 이 도시는 독특한 매력을 지니고 있다. 마르세유는 기원전 600년경 그리스 식민지로 설립되어 프랑스에서 매우 오래된 도시 중 하나로 꼽힌다. 그 긴 역사는 다양한 문화적 영향을 보여준다.

마르세유는 노트르담 성당, 구시가지, 영웅비 등 다양한 볼거리가 있으며
주변에 깔링크 공원과 까시스도 인기 있는 관광명소이다.
출처: Google 지도 편집

마르세유는 지중해와 연결되는 중요한 항구 도시로서, 수 세기 동안 무역과 이민의 중심지 역할을 해왔다. 오늘날에도 프랑스 최대의 상업항을 자랑하며, 이에 따라 도시에는 다문화적 분위기가 짙게 깔려 있다. 도시의 상징적인 랜드마크인 노트르담 드 라 가르드 대성당(Basilique Notre-Dame de la Garde)은 마르세유를 내려다보는 언덕 위에 있으며, 탁 트인 전망과 함께 도시의 역사적 중요성을 느낄 수 있는 곳이다. 또 다른 매력적인 장소는 마르세유 구 항구(Vieux-Port) 근처의 역사적인 지역인 르 파니에(Le Panier)로, 좁은 골목과 전통적인 건축물, 예술가들의 공방 등이 모여 있어 독특한 매력을 발산한다. 이 지역에서는 마르세유의 오랜 역사와 현대의 예술적 감각이 조화롭게 어우러지는 모습을 엿볼 수 있다.

또한, 마르세유 주변의 칼랑크(Calanques)는 해양과 육지가 어우러진 독특한 풍경을 자랑하는 곳이다. 바다로 이어지는 가파른 절벽과 맑고 푸른 해안선은 자연의 웅장함을 극대화시키며, 고요한 해안선을 따라 펼쳐진 작은 마을은 평화로운 분위기를 자아낸다. 이곳에서의 시간은 도시의 분주함과 대조되며, 파도 소리와 바람에 몸을 맡기면 자연이 주는 위안과 자유를 느낄 수 있다. 칼랑크의 청정한 바다와 절벽을 보며 우리는 마르세유에서의 특별한 순간을 온전히 만끽할 수 있다.

노트르담 대성당을 보기 위해 우리는 가르드 언덕(La Garde Hill)을 걸어서 올라갔다. 대성당은 가르드 언덕(La Garde Hill) 정상에 자리 잡고 있으며, 해발 154m에서 마르세유 전체를 내려다볼 수 있는 위치에 있다. 언덕을 오르면서 시원해지는 바람과 함께 마르세유의 전경이 눈앞에 펼쳐졌다. 파란 지중해와 항구가 펼쳐진 풍경은 그 자체로

마르세유는 지중해와 연결되는 중요한 항구 도시로, 상업과 무역의 중심지 역할을 해왔다.
현재도 프랑스 최대의 상업 항구를 보유하고 있으며,
항구 주변에는 활기찬 분위기와 다양한 해양 관련 활동이 펼쳐진다.

가르드 언덕에서 바라보는 마르세유 항구

예술이었다. 맑은 하늘과 푸른 바다가 맞닿은 수평선, 그 아래로 펼쳐진 항구의 풍경은 마치 그림처럼 완벽한 조화를 이루고 있었다. 대성당에 가까워질수록, 도시와 바다가 어우러진 경치의 아름다움이 더욱빛을 발했다. 대성당에 올라서 바라보는 마르세유와 지중해를 내려다보는 탁 트인 전망은 걸어서 올라온 노력을 보상해 주고 남았다. 이곳에서 바라보는 풍경은 도시의 북적거림과는 대조적으로 평화롭고 고요했으며, 마르세유의 역동적인 분위기와는 다른 차원의 아름다움을선사했다.

대성당은 프랑스 남부 마르세유의 가장 높은 지점에 있는 상징적인랜드마크이다. '노트르담(Notre-Dame)'은 프랑스어로 '우리의 여인'을 뜻하며, 이는 성모 마리아를 의미한다. '가르드(Garde)'는 '보호하다'라는 뜻을 담고 있어 마르세유의 모든 주민을 성모 마리아가 보호해주기를 바라는 염원이 담겨 있다.

이곳은 1214년에 성모 마리아에게 헌정된 작은 예배당으로 시작되었으며, 이후 여러 차례의 확장과 개축을 거치면서 마르세유 사람들 신앙의 중심지로 발전해 왔다. 현재의 대성당은 19세기에 건축가 앙리 자크 에스페랑듀(Henri-Jacques Espérandieu)에 의해 지어졌으며, 비잔틴 건축의 특징을 모방한 네오-비잔틴 양식으로 설계되었다. 대성당은 화려한 모자이크와 대리석, 금빛 장식, 돔, 그리고 탑 등이 조화를 이루며 웅장한 외관을 자랑한다. 특히 가장 눈에 띄는 구조물은 거대한 돔과 41m 높이의 종탑으로, 종탑의 꼭대기에는 황금빛으로 빛나는 성모 마리아상이 자리 잡고 있다. 성모 마리아가 어린 예수를 안고 있는 모습은 마르세유 시민들에게 보호자이자 수호신으로 여겨진다.

대성당 내부는 화려한 모자이크와 스테인드글라스로 장식되어 있으며, 천장과 벽면 곳곳에 종교적 주제를 다룬 조각과 그림들이 그려져 있다. 중앙 예배당에는 성모 마리아의 조각상이 있으며, 이는 대성당의 신성함과 장엄함을 잘 보여준다. 내부의 모자이크는 매우 정교하고 아름다우며, 주로 성경 이야기와 성모 마리아의 삶을 다루고 있다.

노트르담 드 라 가르드 대성당은 마르세유의 가장 높은 지점인
가르드 언덕에 있는 성당으로, 도시의 상징적인 랜드마크이다.
19세기에 건축된 이 대성당은 비잔틴 양식으로 지어졌으며,
웅장한 돔과 금빛 성모 마리아상이 특징이다.

지중해의 푸른 바다가 펼쳐진 마르세유 항구, 그 항구 옆에 자리 잡은 한 카페에서 우리는 자리를 잡았다. 바람에 살짝 흔들리는 광장에서, 매니저는 우리에게 물을 건네며 따뜻한 미소를 보냈다. 시원한 민소매 차림의 그녀는 지중해 분위기와 완벽하게 어우러졌다.

　　"Bonjour, 무엇을 드시겠어요?"

　　"여기서 가장 추천하는 요리는 무엇인가요?"

　　"저희는 부야베스가 아주 유명해요. 신선한 해산물과 향신료가 어우러져 깊은 맛을 낸답니다. 그리고 오늘의 특선은 그릴에 구운 오징어와 함께 나오는 허브 감자 요리입니다."

　　"부야베스와 오늘의 특선, 그리고 화이트 와인과 커피 한 잔 부탁합니다."

지중해 요리는 지중해 연안 지역, 특히 그리스, 이탈리아, 스페인, 프랑스, 터키,
레바논 등에서 유래된 요리들을 포함한다.
지중해식 식단은 전 세계적으로 인기 있는 건강식으로 알려져 있다.
매니저의 친절은 지중해 요리를 더욱 맛깔나게 한다.

그녀는 미소를 지으며 주문을 받아 적었다. 이탈리아에서 건너와 일을 하고 있다고 한다. 카페 주변에는 소박한 활기와 함께 파도 소리가 배경음악처럼 흐르고, 우리는 지중해 요리에 미각을 맡기며 느긋하게 점심을 즐겼다.

마르세유의 영웅기념비

마르세유에서 까시스로 향하는 길에 "Aux Héros de l'Armée d'Orient et des Terres lointaines" 기념비가 있었다. 1924년에 세워진 이 기념비는 동양, 아프리카 등 먼 이국땅에서 싸운 군인과 선원들의 희생을 기리기 위해 만들어졌다. '열린 하늘의 포르티코(portico)'라는 설계 의도를 담고 있는 이 구조물은 장엄하면서도 세심한 조각들로 이루어져 있었다. 거대한 날개를 단 여성상은 영웅주의를 상징하고, 조각된 군인들은 용감하게 싸운 전사들의 모습을 재현하며, 그들의 희생을 후대에 알리고 있었다. 이 기념비 앞에서 우리는 묵묵히 그들의 용기에 경의를 표하며, 역사의 무게를 느낄 수 있었다. 기념비 앞에서 우리는 잠시 묵념하며, 먼 타국에서 돌아가신 이들의 명복을 빌었다. 그들의 희생을 기억하며, 우리의 여행도 무사히 마치기를 기도했다. 기념비에서 바라본 마르세유의 항구와 그 너머 펼쳐진 풍경은 장엄하면서도 평온해 보였다.

마르세유의 해안가

    까시스(Cassis)로 가는 도중 길을 잘못 들어 마르세유 외곽에서 한참을 헤맸다. 내비게이션을 따라가다 보니 비포장도로가 나타나며 상황이 점점 어려워졌다. 결국 우리는 산길로 우회하기로 했다. 험한 산길이었지만, 멀리 펼쳐진 바다와 암석으로 이루어진 산, 그리고 드문드문 보이는 시골집들이 정겹게 다가왔다. 구름이 산 위에 걸린 풍경과 자연의 원시적인 아름다움은 지중해의 매력을 한껏 느끼게 했다. 산들바람이 불어오자 창문을 열고 자연의 상쾌한 공기를 깊이 들이마셨다.

    우리는 까시스에 도착해 공영 주차장에 차를 세웠다. 프랑스 남동부에 위치한 까시스는 마르세유와 가까운 지중해 연안의 아름다운 마을로, 멋진 해변과 장엄한 바위 절벽, 그리고 청록색의 맑은 바다로 잘

마르세유에서 까시스로 가는 길은 지중해 연안을 따라 펼쳐지는
아름다운 풍경을 감상할 수 있는 멋진 여행이다.
도로를 따라가면서, 푸른 바다와 붉은 암석으로 이루어진 절벽을 볼 수 있다.
특히, 드라이브 중 해안선의 절경을 만끽할 수 있다.

알려져 있다. 이곳은 고대부터 중요한 항구 도시로 자리 잡아 왔으며, 역사적인 건축물과 유적들도 많이 남아 있다. 까시스에서는 해변에서의 일광욕과 바다에서의 수영을 즐길 수 있을 뿐만 아니라, 주변 자연을 탐험하는 하이킹 등 다양한 액티비티도 가능하다.

거리는 관광객들로 활기가 넘치고, 우리는 해변으로 가는 길을 따라 걷기 시작했다. 화려한 요트들이 정박해 있는 항구를 지나며, 우리는 해변 모래사장에 도착했다. 해변은 길게 펼쳐져 있고, 주변 절벽과 조화를 이루어 멋진 풍광을 자아낸다. 파도가 다소 거칠지만, 이곳의 자연적인 아름다움을 더해주고 있다. 우리는 항구가 내려다보이는 카페에 자리를 잡고 커피와 맥주를 주문했다. 지중해에서 불어오는 시원한 바람을 맞으며 바다를 바라보는 이 시간은 그 자체로 큰 만족을 주었다. 해변의 고요함 속에서 우리는 한동안 말없이 바다만 응시하며, 이 순간의 평화로움을 온전히 즐겼다.

까시스 거리는 고풍스러움과 매력적인 분위기를 동시에 품고 있다.
좁은 골목과 넓은 광장이 어우러져 아기자기한 상점들과 카페들이 줄지어 있다.
건물들은 전통적인 프로방스 스타일로, 벽면은 크림색이나 파스텔 색조로 칠해 있다.
까시스 해변은 지중해의 푸른 바다와 바위 절벽으로 둘러싸여 아름다움을 더한다.

까시스에서의 여운을 간직한 채 우리는 주차장으로 돌아갔다. 차를 빼는 순간, 주차장의 기둥에 살짝 부딪혀 차에 흠집이 생겼다. 차를 반납할 때를 대비해 흠집 난 부분과 사고 장소를 사진으로 남겼다.

이후, 우리는 마지막 숙소가 있는 니스를 향해 출발했다. 니스에 도착했을 때는 이미 늦은 저녁이었다. 숙소는 대단지 콘도로 구성되어 있어 찾기 쉬웠지만, 큰 대문이 열리지 않았다. 그때 김 대표가 재빠르게 움직여 이곳저곳을 확인하며 문을 열었다.

"역시 공대 출신이라 다르긴 달라!"

덕분에 우리는 무사히 숙소에 들어갈 수 있었다. 숙소는 깔끔했고, 해변과 가까워 산책하기에 좋은 위치였다. 짐을 푼 후, 늦은 저녁 식사를 하러 밖으로 나갔다. 이미 대부분의 식당이 문을 닫았지만, 다행히 한 노상 카페가 열려 있었다. 우리는 그곳에 자리를 잡고, 오늘의 여행 이야기를 나누며 하루를 마무리했다.

숙소는 대개 모던하고 세련된 외관을 갖추고 있으며,
지중해의 색감과 잘 어울리는 색조로 칠해져 있다.
큰 유리창과 발코니가 있어 바다를 바라보거나 도시의 경치를 감상할 수 있다.

낭만의 휴양도시, 니스

니스 이미지, 출처: DALL-E

50대 두 남자, 나를 찾아 떠나는 바르셀로나와 남프랑스 여행

여행 8일차, 우리가 니스에 숙박을 잡은 이유는 니스를 구경할 수 있을 뿐만 아니라, 칸, 그라세, 망투, 모나코와 같은 주변의 유명한 관광명소들도 쉽게 방문할 수 있기 때문이다. 이곳은 아름다운 해안선과 풍부한 문화유산으로 유명하며, 다양한 액티비티와 맛있는 음식을 즐길 수 있는 곳이다.

　　니스는 정말 매력적인 도시이다. 니스(Nice)는 프랑스 남동부의 코트다쥐르(Côte d'Azur) 지역에 있는 유명한 해안 도시로, 지중해의 맑고 푸른 바다와 함께하는 아름다운 풍경으로 널리 알려져 있다. 이 도시는 단순한 휴양지 이상의 매력을 지니고 있으며, 풍부한 역사와 문화, 예술적 유산을 자랑한다. 니스는 기원전 4세기에 그리스인들에 의해 설립된 이후, 오랜 역사를 자랑하는 도시로 성장해 왔다. 이후 로

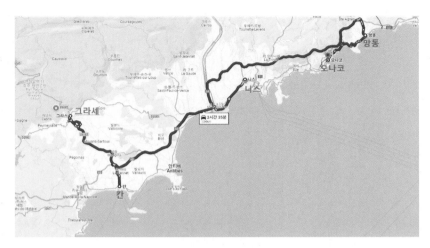

니스 주변에는 그라세, 칸, 망통, 모나코 등 많은 관광명소가 있다.
출처: Google 지도 편집

마 제국의 영향 아래에서 번성하였으며, 중세 시대에는 사보이아 왕국 (Savoia)의 일부로 포함되었다가 나중에는 프랑스에 통합되었다. 이러한 복잡한 역사적 배경은 도시의 건축 양식과 문화적 풍토에 그대로 반영되어 있다.

프로메나데 데스 앙그레이스(Promenade des Anglais, 영국인의 산책로라는 뜻) 거리는 니스의 대표적인 해변 산책로로, 7km에 걸쳐 펼쳐진 이 길은 푸른 지중해와 도시의 경치를 감상하기에 최적의 장소이다. 이 산책로의 이름은 19세기 영국 귀족들이 이곳을 자주 방문한 데서 유래했다. 이른 아침부터 우리는 이 해변에서 조깅하며 상쾌한 바닷바람을 만끽했다. 새벽이었음에도 많은 사람들이 이미 운동하고 있었고, 우리는

50대 두 남자, 나를 찾아 떠나는 바르셀로나와 남프랑스 여행

그 무리 속에 끼어서 같이 조깅하였다. 니스의 구시가지(Vieux Nice)는 좁은 골목과 중세 시대의 건축물들이 과거의 흔적을 고스란히 간직하고 있다. 이곳에서는 전통 시장, 카페, 레스토랑 등을 통해 현지 문화를 체험할 수 있으며, 독특한 분위기 속에서 도시의 역사적 유산을 느낄 수 있다. 매년 2월에 열리는 니스 카니발은 유럽에서 가장 큰 카니발 축제 중 하나로, 화려한 퍼레이드와 다양한 문화 행사가 개최된다. 이 시기에는 도시 전체가 축제 분위기로 가득 차며, 세계 각지에서 모여든 관광객들로 활기가 넘쳐난다. 또한, 콜린 뒤 샤토(Colline du Château)는 니스의 구시가지를 내려다볼 수 있는 언덕으로, 정상에 있는 공원에서 바라보는 니스와 지중해의 파노라마 뷰는 숨이 멎을 정도로 아름답다. 이곳은 여행자들이 니스의 전경을 한눈에 담을 수 있는 최고의 장소로, 자연의 아름다움과 도시의 조화로운 경관을 감상할 수 있다.

프로메나데 데스 앙그레이스는 니스의 대표적인 해변 산책로로,
약 7km에 걸쳐 펼쳐진 아름다운 길이다. 이 산책로는 니스 해안선을 따라 이어져 있으며, 한쪽에는 푸른
지중해가 펼쳐져 있고, 다른 쪽에는 멋진 건축물들과
고급 호텔들이 늘어서 있어 환상적인 풍경을 감상할 수 있는 장소이다.

이처럼, 니스는 자연의 아름다움과 풍부한 역사, 그리고 다채로운 문화가 어우러져 전 세계 관광객들에게 사랑받는 명소로 자리 잡고 있다. 우리 역시 니스의 다채로운 매력에 흠뻑 빠져들고 있다.

마티스 미술관(Matisse Museum)은 유명한 화가 앙리 마티스(Henri Matisse)의 작품들을 소장한 중요한 문화 장소로, 그의 예술적 유산을 감상할 수 있는 곳이다. 이와 함께, 마르크 샤갈 미술관(Marc Chagall National Museum)은 20세기를 대표하는 화가 중 한 명인 마르크 샤갈(Marc Chagall, 1887-1985)의 작품들을 소장하고 있어, 예술 애호가들에게 큰 인기를 끌고 있다.

마르크 샤갈은 20세기 예술계에서 독특한 위치를 차지하는 화가이자 판화가로, 그의 인생과 작품은 다양한 문화적, 역사적 배경 속에서 형성되었다. 러시아 태생 유대인으로서 샤갈은 자신의

마르크 샤갈(Marc Chagall, 1887-1985)

예술을 통해 개인적 경험과 유대인 문화, 종교적 상징을 초현실적으로 표현했다. 샤갈의 작품에서 색채는 단순한 미적 요소가 아니라 감정을 표현하는 중요한 수단이었다. 그는 강렬하고 상징적인 색을 통해 사랑, 상실, 꿈, 고통 등의 주제를 시각적으로 표현했다.

마르크 샤갈은 1887년 러시아 제국의 벨라루스 지방 비텝스크 (Vitebsk)에서 유대인 가정에서 태어났다. 당시 러시아 내 유대인들이 겪던 사회적 제약과 차별을 직접 경험하며 성장했다. 샤갈은 비텝스크에서의 유년 시절을 깊이 사랑했으며, 그의 초기 작품에서 종종 등장하는 러시아 농촌 풍경과 유대교 종교적 의식은 이러한 배경에서 나왔다. 그는 19세에 상트페테르부르크(Sankt Peterburg) 이주하여 미술을 공부했고, 그곳에서 다양한 예술적 스타일을 접하며 자신만의 독창적인 표현 방식을 발전시켰다. 이후 파리로 이주하며 그곳의 예술적 분위기에 큰 영향을 받았다. 1910년대 초반에 파리로 이주한 샤갈은 피카소, 뒤샹 등 당대의 혁신적인 예술가들과 교류하면서 표현주의, 큐비즘, 초현실주의 등 다양한 예술 사조의 영향을 받았다. 그러나 그는 자신만의 독창적인 화풍을 고수하며 꿈, 상징, 환상적인 이미지를 자주 그려냈다. 이 시기의 대표작으로는 'I and the Village(1911)'가 있다. 이 작품은 초현실적 구성을 통해 농촌 생활과 유년 시절의 기억을 표현한 것으로, 러시아 시골과 인간과 동물의 관계를 상징적으로 다루고 있다.

1914년 제1차 세계대전이 발발하자 샤갈은 러시아로 돌아가 비텝스크(Vitebsk)에서 유대인 공동체와 가족들과 함께 시간을 보냈다. 이 시기에 그는 유대인 정체성에 대한 깊은 관심을 작품에 반영했다. 그의 유대인 문화와 종교적 정체성은 이후 평생 동안 그의 작품에 중요한 주제가 되었다.

샤갈은 1915년 그의 첫사랑이자 뮤즈였던 벨라 로젠펠트(Bella Ros-enfeld)와 결혼했다. 샤갈은 자서전 'My Life'에서 벨라와의 첫 만남을 이렇게 묘사했다.

"나는 그녀를 알자마자 사랑에 빠졌다.
그녀의 고귀하고 섬세한 손가락,
그녀의 눈은 하늘처럼 깊고,
나의 삶을 영원히 붙잡고 있는 것 같았다."

그는 벨라의 눈에서 영감을 받았으며, 그녀의 존재 자체가 그의 예술을 더욱 풍성하게 했다고 말했다. 마르크 샤갈과 벨라 사이의 사랑

샤갈 작품, 'I and the Village(1911)'

은 예술과 문학에서 아름답게 표현된 감정의 절정이었다. 샤갈은 벨라를 그의 동반자이자 삶의 영감으로 여겼으며, 그녀와의 사랑은 그의 작품에 깊이 반영되었다. 샤갈은 벨라에 대한 감정을 종종 하늘을 나는 연인들로 표현했다. 두 사람이 공중에 떠 있는 모습은 그들의 사

랑이 현실을 초월한 감정임을 상징하는데, 이는 샤갈의 대표작 'The Birthday(1915)'에서 잘 드러난다. 샤갈은 이 작품에서 자신의 생일에 벨라가 자신에게 꽃을 건네는 순간을 그렸는데, 그 순간 샤갈은 기쁨에 하늘로 떠오른다. 이처럼 그들의 사랑은 종종 그의 작품에서 초현실적인 방식으로 표현되었으며, 마치 이 세상에 속하지 않는 특별한 사랑을 상징하고 있는 것 같다. 벨라가 1944년에 사망한 후에도 샤갈은 그녀를 그리워하며 많은 작품에서 그녀와의 사랑을 추억했다.

샤갈의 삶은 2차 세계대전으로 인해 크게 변화했다. 나치 정권이 유럽에서 유대인 박해를 강화하면서 샤갈은 1941년 미국으로 망명해야 했다. 전쟁의 비극과 유대인 박해는 그의 작품에 슬픔과 상실의 주제를 불러일으켰다. 전쟁 후 그는 프랑스로 돌아와 활동을 재개했으며, 성경적 주제나 종교적 상징을 다룬 작품들을 많이 그렸다. 이 시기의 대표적인 작품으로는 '십자가에 못 박힌 그리스도'가 있다. 이 작품은 유대인 박해를 종교적 맥락에서 비극적으로 표현한 것으로, 샤갈의 종교적, 정치적 메시지가 강하게 드러내고 있다.

샤갈 작품, 'Birthday(1915)'

샤갈 작품, '에덴동산(1961)'

샤갈은 회화뿐만 아니라 스테인드글라스와 벽화를 통해 건축적 작업에도 참여했다. 그의 대표적인 작품 중 하나는 파리 오페라 하우스 천장화(1964)로, 프랑스의 전통적 건축물과 샤갈의 초현실적 화풍이 결합된 예술적 결실이다. 샤갈은 1985년에 사망할 때까지 왕성한 활동을 이어갔다. 샤갈은 유대인 정체성, 사랑, 고통, 영적 구원 등 다양한 주제를 독창적인 방식으로 풀어냈다. 그의 작품은 초현실주의나 표현주의에 속하지 않으면서도 그들과 교차하는 독특한 시각 세계를 제시하며, 그의 예술적 유산은 회화, 스테인드글라스, 판화 등 다양한 매체를 아우르며 오늘날에도 사랑받고 있다.

샤갈은 자신의 종교적 주제, 특히 성경적 이야기들을 중심으로 한 작품들을
하나의 메시지로 전달하고자 했으며, 이를 '성경적 메시지'라 불렀다.
미술관은 이러한 메시지를 주제로 그의 예술 세계를 탐구할 수 있도록 설계되었다.
샤갈 작품, Stained glass window(St stephan image)

샤갈 미술관은 프랑스 남부 니스에 위치한 마르크 샤갈의 작품을 기념하는 중요한 미술관이다. 1973년 프랑스의 문화부장관이자 소설가였던 조르주 앙드레 말로(André Malraux)의 지원을 받아 설립하였다. 미술관은 그의 성경적 주제를 담은 대규모 작품들과 함께, 샤갈의 다양한 예술적 유산을 보여주는 장소이다. 미술관의 핵심 컬렉션은 샤갈이 1954년부터 1967년까지 제작한 17점의 대형 캔버스들로, 구약 성경의 주요 장면들을 화려한 색채와 상징적인 이미지로 표현하고 있다. 대표적인 작품으로는 〈창조〉, 〈에덴동산〉, 〈모세의 십계명〉 등이 있으며, 이들은 인간과 신, 사랑과 구원의 주제를 다루고 있다. 미술관에는 샤갈이 제작한 아름다운 스테인드글라스 작품도 전시되어 있으며, 특히 니스의 푸른 하늘과 자연광을 활용해 관람자에게 신비로운 빛의 경험을 제공한다.

12.

향수의 탄생지, 그라세

그라세 이미지, 출처: DALL-E

우리는 향수의 탄생지로 널리 알려진 그라세(Grasse)로 향했다. 이곳은 전 세계적으로도 유명한 향수 제조의 중심지로, 오랜 역사와 전통을 자랑하는 도시이다. 한 박사는 오랫동안 향수에 대해 연구해 왔으며, 관련 책까지 출판한 경험이 있다. 그래서 그라세의 향수 산업에 대한 그의 관심은 남다르다.

그라세는 프랑스 남부에 있는 작은 도시로, 중세부터 이어져 내려오는 향수 제조의 명소로 명성을 떨치고 있다. 이곳의 온화한 기후와 독특한 지형은 다양한 향료 작물이 자라기에 최적의 환경을 제공하여, 오래전부터 향수 산업이 번성할 수 있었다. 우리는 그라세의 전통적인 향수 제조사를 방문해 전통 방식에 최신 기술이 어떻게 접목이 되는지를 살펴볼 예정이다. 이곳에서 향수 제작 과정과 다양한 재료에 대한 설명을 듣고, 향수의 역사를 체험할 수 있는 기회를 가지게 될 것이다.

이 도시의 향수 산업은 16세기부터 시작되었다. 당시 그라세에서는 가죽 제품을 제작하는 산업이 발달해 있었는데, 가죽의 냄새를 제거하고 향기롭게 만들기 위해 향료가 사용되기 시작했다. 이러한 과정이 발전하면서, 향료의 사용이 단순히 가죽 제품을 향기롭게 만드는 데 그치지 않고, 본격적인 향수 산업으로 이어지게 되었다. 18세기와 19세기에 들어서면서 그라세의 향수 산업은 급격히 성장했다. 이 시기에 많은 유명 향수 제조사들이 그라세에 자리 잡았다. 특히, 샤넬, 디올, 랑콤과 같은 세계적인 브랜드들이 사용하는 고급 향료의 주된 공급지로 알려져 있다. 그라세는 독특한 기후와 풍부한 식물 자원 덕분에 최고급 향료의 생산지로 자리매김하게 되었고, 이는 그라세를 세계 향수 산업의 중심지로 만드는 데 중요한 역할을 했다.

오늘날에도 그라세는 여전히 세계적인 향수 산업 중심지의 지위를 유지하고 있다. 이곳에서는 전통적인 향수 제조 기법과 현대적인 기술이 조화를 이루며, 다양한 향수 브랜드들이 그라세의 뛰어난 향료를 사용해 명품 향수를 제작하고 있다. 그라세의 향수 산업은 오랜 역사와 전통을 바탕으로 지속적인 발전을 거듭하며, 전 세계의 향수 애호가들에게 사랑받고 있다.

그라세는 지중해성 기후를 가지고 있어,
다양한 향료 작물이 자라기에 이상적인 환경을 제공한다.
이 지역에서는 장미, 라벤더, 재스민, 오렌지 블로섬 등 향수 제조에
필수적인 고급 향료 작물들이 대량으로 재배된다.
특히 재스민과 튜베로즈는 그라세를 대표하는 향료로,
이곳에서 생산된 향료들은 독특한 향과 높은 품질로 유명하다.

국제 향수 박물관(Musée International de la Parfumerie)은 향수의 역사, 제조 과정, 그리고 향료에 관한 다양한 전시를 통해 향수의 문화와 예술을 조망할 수 있다. 박물관의 전시를 통해 향수의 기원부터 현대에 이르기까지의 발전 과정을 한눈에 볼 수 있어, 향수에 대한 깊이 있는 이해를 돕고 있다.

그라세 대성당(Cathédrale Notre-Dame-du-Peuple)은 중세 시대의 건축 양식을 지닌 아름다운 건축물로, 도시의 중심에 있으며, 그라세의 역사적 가치와 건축적 아름다움을 동시에 느낄 수 있는 장소이다. 또한, 팔레 드 콩크레궁전(Palais des Congrès de Grasse)은 현재 다양한 문화 행사와 전시회가 열리는 장소로 사용되고 있다. 이곳에서는 현대 예술

과 문화의 동향을 체험하며 그라세의 현대적인 문화적 활력을 느낄 수 있다.

　우리는 가장 오래된 향수 제조업체인 프라고나르(Fragonard)의 향수 투어 코스에 참여하였다. 이 투어를 통해 향수 제조법과 발전 역사, 그리고 향수와 관련된 다양한 문화 체험을 할 수 있었다. 프라고나르의 투어는 향수의 복잡한 제조 과정과 풍부한 역사적 배경을 깊이 이해할 수 있는 기회를 제공하며, 향수의 예술성과 과학을 동시에 경험할 수 있는 소중한 시간이었다.

프라고나르(Fragonard)는 세계적으로 유명한 향수 제조업체로,
향수의 전통과 예술을 상징하는 브랜드이다.
프라고나르는 1926년에 설립되었으며, 프랑스 향수의 역사와 전통을 이어가는 중요한 역할을 하고 있다.

　비가 내리는 그라세의 골목길을 걸으며, 고요하고 매력적인 분위기를 즐겼다. 좁고 구불구불한 골목길 양쪽에는 중세 시대의 건축물들

그라세의 골목길은 도시의 숨겨진 보물처럼, 역사와 전통을 엿볼 수 있는 장소이다.
석조와 벽돌로 된 전통적인 프랑스의 건물들은
그라세의 오랜 역사를 상기시키며, 도시의 독특한 매력을 한층 더해준다.

이 석조와 벽돌로 된 전통적인 프랑스의 매력을 풍기며 늘어서 있다. 이러한 건물들은 고풍스러움과 동시에 그라세만의 독특한 분위기를 자아낸다. 돌로 포장된 길 위에는 색색의 꽃들이 가득한 작은 정원과, 오래된 가게들이 정겹게 자리하고 있다. 거리의 끝에서는 아름다운 색감의 건물들이 대칭을 이루며, 그라세의 고즈넉한 매력을 더욱 돋보이게 한다. 작은 상점들의 간판은 앤티크하게 장식되어 있어, 지나가는 사람들의 시선을 끌고 있다.

골목길 위로 분홍색의 우산들이 펼쳐져, 지나가는 사람들에게 시각적인 즐거움을 선사한다. 다양한 향수 가게들의 쇼윈도우에는 각기 다른 디자인의 향수병들이 예쁘게 배치되어 있어 시선을 끌고, 골목길을 따라 위치한 작은 박물관들도 간간이 눈에 들어온다. 이곳은 향수의 역사와 문화를 한껏 느낄 수 있는 공간으로, 걸음을 옮길 때마다 새로운 것이 있어 흥미롭다.

우리는 골목길을 보며 그라세와 관련된 영화 '향수: 어느 살인자의 이야기(Perfume: The Story of a Murderer, 2006)'를 떠올렸다. 영화 속에서 향수의 매혹적인 세계와 인간의 본성에 대한 탐구가 어우러져 깊은 인상을 남겼던 기억이 떠올랐다. 이 영화는 파트릭 쥐스킨트(Patrick Suskind)의 동명 소설을 원작으로 한 작품으로, 18세기 프랑스를 배경으로 천재적인 후각을 가진 장 바티스트 그루누이가 등장한다. 그는 향수 제작의 중심지인 그라세에서 자신의 완벽한 향을 만들기 위해 살인까지 저지르게 되는 이야기를 그리고 있다. 그라세는 영화 속에서 중

영화 포스터, 'Perfume: The Story of a Murderer'

요한 배경으로 등장하며, 그루누이가 완벽한 향수를 만들기 위해 수 많은 사람을 희생시키는 주요 장소이다. 그라세의 전통적인 향수 제작 과 그 과정에서 발생하는 긴장감이 영화의 중요한 요소로 작용하며, 그곳의 아름다운 풍경과 동시에 그루누이의 어두운 집착이 대비되어 강렬한 인상을 남긴 영화이다.

우리는 점심 식사를 위해 골목길의 한적한 카페를 찾았다. 작은 사 각 테이블 위에는 화려한 플로랄 패턴의 테이블보가 놓여 있었고, 고 풍스러운 의자와 벽에는 오래된 사진과 예술 작품이 장식되어 클래식 한 분위기를 자아내고 있었다. 우리는 김이 모락모락 나는 에스프레소 와 함께 프랑스식 피자를 즐기며 점심을 먹었다. 매니저는 친절하게 서 비스를 제공하며 영어로 가벼운 대화를 나누어 현지의 분위기를 한층 더 느끼게 해주었다. 식사 중에는 거리의 생동감이 온몸으로 느껴졌

그라세의 카페는 이 도시의 매력을 느끼기에 더없이 좋은 장소이다.
카페의 독특한 분위기와 프랑스식 정서를 경험하며, 그라세의 여유롭고 정취 있는 일상을 즐길 수 있다.

다. 지나가는 사람들은 담소를 나누거나 쇼핑하며 웃음소리가 가득했고, 가끔 거리에서 들려오는 음악 소리나 지역 예술가의 공연이 분위기를 더욱 즐겁게 만들어 주었다.

우리는 식사를 마친 후, 다음 일정을 논의하기 시작했다.

"향수의 발생지답게 이곳 도시 곳곳에 향기가 나는 것 같아."

"맞아, 이런 시골에서 세계적인 회사를 만들어내다니. 우리도 배울 점이 많은데."라며 대화가 이어졌다.

"이곳의 경치가 정말 멋져. 이런 자연을 감상할 수 있다니 기분이 좋네. 이런 풍광 속에서 골프를 한 번 해보는 건 어때?"

"좋아, 이곳의 풍경은 정말 아름다워. 여기서 라운드는 특별할 것 같아."

우리는 즉석에서 합의하고, 인근의 골프장을 검색하기 시작했다. 다행히 바로 예약할 수 있는 골프장을 찾을 수 있었다.

그라세 골프장은 전통적인 프랑스식 골프 코스와 함께 뛰어난 경치를 제공한다.
코스는 중급 이상의 난이도로, 전략적인 벙커와 워터 해저드가 있다.
대자연의 풍경을 감상하며 플레이할 수 있는 것이 이 골프장의 매력이다.

50대 두 남자, 나를 찾아 떠나는 바르셀로나와 남프랑스 여행

마침 비도 그치고 오후 햇살이 부드럽게 비추는 가운데, 우리는 골프장에 도착했다. 이곳의 골프 코스는 녹음이 우거진 풍경과 산악 배경이 어우러져 시야가 확 트인 곳이었다. 넓은 페어웨이와 전략적인 벙커, 그리고 워터 해저드가 어우러진 도전적인 코스는 플레이를 더욱 흥미롭게 만들어 주었다. 홀마다 다양한 도전이 이어지면서 서로의 샷을 응원하며 즐겁게 플레이를 이어갔다. 오늘은 특히 김 대표의 샷이 예사롭지 않았다. 샷의 정확성과 힘이 돋보였다. 최종 스코어는 김 대표의 승리로 끝났다.

라운드를 마친 후, 우리는 클럽하우스에 앉아 휴식을 취하며 오늘의 라운드를 돌아보았다. 멋진 경치와 도전적인 홀들이 오늘의 골프 경험을 더욱 특별하게 만들어 주었다. 골프 라운드를 마무리하고, 우리는 다음 목적지인 칸으로 향했다.

13.

국제영화제의 도시, 칸

칸 이미지, 출처: DALL-E

칸은 프랑스 남부의 작은 해안 도시이며, 지중해를 끼고 있어
아름다운 해변과 온화한 기후를 자랑하며, 세계적으로는 매년 열리는 칸 영화제로 유명하다.

우리가 칸에 도착할 때쯤에는 벌써 해가 넘어가고 있었다. 칸은 국제영화제로 우리 영화와 영화배우가 수상을 한 곳이라 친근한 느낌이다.

칸(Cannes)은 프랑스 남부의 프로방스알프코트다쥐르 지역에 있는 작은 해안 도시이다. 지중해를 끼고 있어 아름다운 해변과 온화한 기후를 자랑하며, 세계적으로는 매년 열리는 칸 영화제로 유명하다. 칸은 휴양지로도 매우 인기가 높으며, 고급스러운 분위기와 문화적 풍부함이 어우러진 곳이다.

19세기 중반에 영국인 귀족과 부유한 여행객들이 칸을 휴양지로 주목하면서 본격적으로 발전하기 시작했고, 이 시기부터 칸은 부유층의 휴양지로 자리 잡으며 지금의 화려한 도시로 발전하였다. 크루아제트 대로(La Croisette)는 칸의 해안가를 따라 늘어선 대로인데, 칸의 상징과도 같은 곳이다. 고급 호텔, 부티크, 레스토랑이 즐비하며, 칸 영화제가 열리는 동안 이곳은 더욱 화려해진다.

칸 영화제(Le Festival de Cannes)의 중심이 되는 장소는 바로 팔레 데 페스티벌(Palais des Festivals et des Congrès) 뤼미에르 대극장이다. 이곳은 영화 상영과 주요 행사가 열리는 중심지로, 그 규모와 현대적인 디자인이 인상적이다.

우리는 극장 앞에 서서, 붉은 카펫을 걸어 올라가는 영화배우들과 감독들의 모습을 상상해 보았다. 영화제 기간에는 이곳에서 수많은 유명 인사들이 레드카펫을 밟으며, 플래시 세례를 받는 모습이 펼쳐진다. 이 극장 앞의 분위기는 영화제의 화려함과 중요성을 잘 보여주고 있다. 팔레 데 페스티벌은 현대적인 건축 디자인으로, 여러 개의 상영관이 있어 다양한 영화들을 동시에 감상할 수 있는 공간을 제공한다. 우리는 내부 영화관을 천천히 둘러보며 칸 영화제의 역사와 그 의미를 되새겼다. 또한, 영화제와 관련된 기념품을 사려고 기념품점에 들러 몇 가지 선물을 구입했다. 극장 앞에는 칸 영화제를 빛낸 배우들의 핸드프린팅이 새겨져 있어, 그들의 발자취를 직접 확인할 수 있는 기회를 가졌다.

한국 영화는 칸 영화제에서 점점 더 중요한 위치를 차지해 왔다.
한국 감독과 작품들이 국제적으로 인정받으며, 칸 영화제에서 큰 성과를 거둔 사례가 많다.
기생충(2019, 황금종려상), 올드보이(2004. 심사위원대상), 춘향뎐(2000) 등 다수 여행의 마지막 밤, 우리는 한국 음식이 그리워지기 시작했다. 그래서 한국 식당을 찾아가기로 했다. 이 식당에서 돼지불고기와 다양한 한식 요리를 주문해 오랜만에 한식의 맛을 제대로 느낄 수 있었다. 식사를 하면서 우리는 한국인 사장님과 대화를 나누었다. 어떻게 이곳에 오셨는지, 코로나 시기에 어려움은 없으셨는지 등 여러 가지를 물어보았다. 사장님은 오랜만에 만난 동포라 반가운 듯, 푸짐한 서비스를 제공해 주셨다. 최근 한국 소식을 교환하며 따뜻한 대화를 이어갔다.

식사 후, 우리는 칸의 밤거리를 산책하며 도시의 야경을 즐겼다. 화려한 조명과 바다의 야경이 어우러져 칸의 매력을 한층 더 강조하고 있었다. 크루아제트 대로를 따라 걷다 보니 아름다운 해변과 지중해의 노을 전경이 눈앞에 펼쳐졌다. 황금빛으로 물든 하늘과 바다의 조화는 그야말로 장관이었다.

50대 두 남자, 나를 찾아 떠나는 바르셀로나와 남프랑스 여행

크루아제트 대로는 칸 시내의 해안가를 따라 뻗어 있는 주요 도로로,
지중해와 마주하는 곳에 있다. 이 대로는 환상적인 바다 전망과 함께,
잘 가꿔진 정원과 아름다운 조각상들로 둘러싸여 있다.
길게 펼쳐진 백사장과 푸른 바다가 시선을 사로잡는다.

"친구, 노을이 정말 멋지다. 이 기분으로 내기 한 판 할까?"

"무슨 내기?"

"골프에 이어서 2탄으로 달리기 어때? 노을을 바라보며…"

"오케이, 도전 받아들이지."

우리는 노을을 맞이하며 크루아제트 대로를 달리기 시작했다. 상쾌한 바람이 얼굴을 스치고, 노을에 물든 하늘과 바다가 어우러진 풍경 속에서 달리는 기분은 특별했다. 거리에선 사람들의 웃음소리와 거리 음악이 어우러져 분위기가 더욱 즐거웠다. 최종 결과는 한 박사의 승리로, 골프와 달리기에서 각각 1승 1패가 되었다.

"최종 승부는 한국에서 다시 붙어 보자고!"

"그래, 그때까지 승리를 위해 열심히 준비해야겠다!"

오늘 여행의 여운과 칸의 마지막 매력을 만끽하며, 우리는 깊어지는 칸의 밤을 뒤로하고 니스 숙소로 돌아왔다.

작지만 부유한 나라, 모나코

모나코 이미지, 출처: DALL-E

여행 9일 차, 오늘은 여행의 마지막 날이라 짐을 챙기고 오전 투어를 위해 망통(Menton)으로 향했다. 망통(Menton)은 프랑스 남부에 있는 작은 해안 도시이다. 이 도시는 이탈리아 국경과 가까운 프랑스 리비에라(Riviera) 해안이 있는 연안에 있으며, 아름다운 풍경과 온화한 기후로 유명하다.

망통은 코트 다쥐르(Côte d'Azur)의 일부분으로, '프랑스 리비에라의 진주'라는 별명으로 불린다. 수 세기 동안 망통은 모나코의 일부로서 프로방스(Provence)와 제노바(Genova) 사이의 경계를 형성했다. 망통은 오랜 역사를 지닌 도시로, 로마 시대부터 사람이 거주하기 시작한 곳이다. 중세 시대에는 제노바 공화국의 지배를 받았으며, 이후 여러 국가의 통치를 거쳐 프랑스에 통합되었다. 망통은 19세기부터 유럽의 귀족과 예술가들 사이에서 인기 있는 휴양지로 자리 잡았다. 망통은 문화적으로도 매력적인 도시이며, 매년 2월에 열리는 레몬 축제(Fête du Citron)는 세계적으로 유명한 행사로, 거대한 레몬과 오렌지로 만든 조각상들이 도시를 장식한다.

망통의 아름다운 해변은 정말 멋지다. 우리는 한적한 해변의 조약돌 위에 내려가 드러누웠다. 이 순간만큼은 누구에게도 방해받고 싶지 않았다. 맑은 하늘 아래 따사로운 햇살이 내리쬐고, 지중해의 잔잔한 파도 소리가 귀에 맴돈다. 주변에는 햇빛에 조약돌이 반짝이며, 바다에서

망통의 해변은 청명한 바다와 부드러운 모래사장이 특징이다.
해변을 따라 산책하며 지중해의 시원한 바람과 햇살을 만끽할 수 있다.
바다의 푸른색과 맑은 하늘이 완벽한 조화를 이룬다.

50대 두 남자, 나를 찾아 떠나는 바르셀로나와 남프랑스 여행

불어오는 시원한 바람이 우리 두 사람의 얼굴을 스치고 지나간다. 해변의 평화로운 분위기 속에서 우리는 완벽한 자유를 느끼며, 자연과 완전히 하나가 된 듯한 기분이다. 모든 것을 내려놓고 편안히 누워서 이 순간의 평화와 행복을 온전히 느끼고 있다. 이곳에서 느끼는 여유와 자유는 여행의 피로를 모두 씻어내며, 우리에게 잊지 못할 아름다운 추억을 선사하고 있다. 해변의 잔잔한 파도와 바람, 그리고 따사로운 햇살이 어우러진 이곳에서의 시간은 우리에게 그 어떤 것과도 바꿀 수 없는 소중한 순간이 되었다.

망통 해변에서 자유를 느끼며

망통에서 모나코로 이어지는 해변 길은 코트 다쥐르의 아름다움을 극대화한, 마치 그림 같은 풍경을 선사한다. 길은 해안선을 따라 이어지며, 한쪽에는 지중해의 푸른 물결이, 다른 쪽에는 가파르게 솟은 산과 절벽이 펼쳐져 있다. 이 길은 망통에서 출발해 모나코로 향하는 동안 점점 더 고급스러워지는 주변 풍경과 함께 드라이브나 산책을 즐기기에 최적이다. 지중해의 푸르름과 하늘이 맞닿아 있는 수평선은 눈길을 사로잡으며, 곳곳에서 요트들이 잔잔한 바다 위에 떠 있다. 길이 모나코에 가까워질수록 해안선은 더 드라마틱하게 변화한다. 해안가를 따라 바위가 드러나고, 절벽이 수직으로 솟아오르며 바다를 내려다본다. 해변 길을 따라가다 보면, 구불구불한 도로가 절벽을 따라 이어지며 모나코로 접근하게 된다. 길가에는 중세 분위기를 자아내는 작은 마을들이 드문드문 자리하고 있으며, 이곳에서 멀리 모나코의 고급스러운 고층 건물들과 항구의 요트들이 보이기 시작한다.

모나코는 지중해 연안에 있는 세계에서 두 번째로 작은 독립국으로, 화려함과 우아함을 자랑하는 곳이다. 인구는 3만여

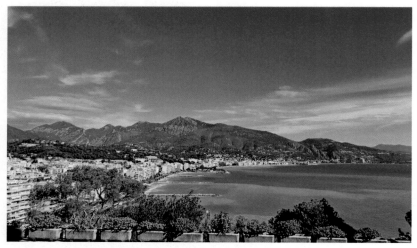

언덕에 오르면, 망통(Menton)의 전체적인 풍경이 한눈에 들어온다.
고요한 바다와 아름다운 해변, 그리고 작은 도시가 만들어내는 경관은 그림처럼 아름답다.

명 되는데 세계에서 백만장자 밀도가 가장 높은 곳으로 무려 인구의 30%가 백만장자이다. 1297년에 모나코의 역사는 시작된다. 그 해에 프란체스코 그리말디(Francesco Grimaldi)가 수도사로 변장해 모나코 요새를 점령하며 그리말디 가문이 모나코를 통치하게 된다. 그리말디 가문은 700년 넘게 모나코를 지배해 왔으며, 지금도 군주로서의 권위를 유지하고 있다. 모나코는 나폴레옹 전쟁 중 프랑스에 잠시 합병되었지만, 1815년 빈 회의에서 모나코는 그리말디 가문에 반환되었으나 다시 사르데냐 왕국의 보호 아래 놓이게 되었다. 그 후 모나코는 프랑스 보호령으로 자리 잡았고, 1861년에 완전한 독립을 인정받았다. 이때 모나코는 국토 일부를 프랑스에 양도하면서 경제적 어려움을 겪었지만, 프랑스와의 긴밀한 관계는 오늘날까지도 유지되고 있다. 모나코는 19세기 중반까지 농업에 의존하는 작은 영토였지만, 몬테카를로 지역에 카지노를 설립하면서 경제적 전환을 이룰 수 있었다. 카지노는 관광객을 끌어들이며 모나코의 재정을 크게 개선했다. 이에 따라 몬테카를로는 전 세계에서 가장 유명한 카지노와 부유한 사람들이 모이는 장소로 자리매김했다. 모나코는 오늘날 세금 혜택, 고급 관광 산업, 금융업으로, 세계적으로 유명한 곳이 되었다. 프랑스를 제외한 모든 외국 기업에 세금을 면제해 주는 조세 천국으로 유명하다.

모나코는 크게 몬테카를로(Monte Carlo), 라콘다민(La Condamine), 모나코빌(Monaco-Ville), 그리고 폰트빌레(Fontvieille)로 네 개의 주요 구역으로 나뉜다. 각각의 구역은 고유의 매력을 가지고 있으며, 이 작은 나라의 다양한 면모를 보여준다. 몬테카를로(Monte Carlo)는 모나코에서 가장 유명한 지역으로, 세계적으로 유명한 카지노와 고급 호텔, 그리고 고급 브랜드 매장들이 밀집해 있다. 몬테카를로 카지노는 웅장한 건축물과 함께 도박의 중심지로서 많은 관광객을 끌어들인다. 이곳은 호화로움과 세련됨의 상징이며, 매년 열리는 포뮬러 원(F1) 모나코 그랑프리(Formula One Grand Prix) 역시 이 지역을 더욱 특별하게 만든다.

라콘다민(La Condamine)은 모나코의 항구 지역으로, 요트들이 빼곡하게 정박해 있는 에르퀼레 항구(Port Hercule)이 자리 잡고 있다. 이곳에서는 고급 요트와 크루즈 선박을 감상할 수 있으며, 해변을 따라 다

양한 카페와 레스토랑이 즐비해 있어 관광객들이 편히 쉴 수 있는 장소이다. 라콘다민은 모나코의 상업 중심지로도 기능하며, 활기찬 시장과 쇼핑 거리가 특징이다.

모나코빌(Monaco-Ville)은 '르로세'(Le Rocher, 바위라는 뜻)라고도 불리는 이 지역은 모나코의 역사적 중심지이다. 높은 언덕 위에 있는 이곳은 중세 시대로부터 내려오 는 건축물들이 남아 있으며, 모나코 왕궁(Prince's Palace)이 자리하고 있다. 이 자리하고 있다. 왕궁에서는 매일 정오에 근위병 교대식이 펼쳐지며, 관광객들에게 큰 인기를 끈다. 또한, 모나코빌에는 성 니콜라스 대성당과 오세아노그래픽 박물관이 있어 문화적, 역사적 가치를 느낄 수 있는 장소이다.

폰트빌레(Fontvieille)는 모나코의 신도시로, 바다를 메워 조성된 지역이다. 현대적인 건축물과 더불어, 조용한 공원과 정원이 조화를 이루고 있어 휴식을 취하기에 좋은 곳이다. 이곳에는 헬리포트가 있어 니스와 모나코를 연결하는 헬리콥터 서비스를 이용할 수 있으며, 모나코 국립 스타디움과 자동차 박물관도 있다.

모나코의 에르퀼레 항구는 크루즈선과 고급 요트들이 정박하는 장소로,
주변의 고급 레스토랑과 상점들이 유명하다.

모나코 항구를 배경으로 한 야외 카페, 여유로운 분위기 속에서 우리는 자리를 잡았다. 우리의 테이블은 항구를 바로 내려다볼 수 있는 최적의 위치에 있어, 반짝이는 지중해와 그 위에 정박해 있는 고급 요트들이 한눈에 들어온다. 우리는 모나코와 지중해 연안을 대표하는 해산물 요리를 주문했다. 해산물의 바다 내음이 공기 중에 가득하고,

이 음식들은 마치 바다를 그대로 옮겨온 듯한 느낌을 주었다.

이 순간, 우리는 모나코의 우아한 분위기 속에서 지중해 요리의 풍미를 온전히 즐기고 있다. 카페의 편안함, 바다의 아름다움, 그리고 맛있는 음식이 어우러져, 마지막 여행지에서 특별한 만찬을 만끽했다.

모나코의 항구에서의 식사는 단순한 식사가 아니라,
고급스러운 경험과 환상적인 뷰를 함께하는 특별한 순간이다.
이곳의 식사는 여행의 마지막을 장식하는 멋진 기억으로 남을 것이다.

니스의 푸른 하늘 아래, 우리는 공항 렌터카 반납 구역에 도착했다. 차의 트렁크를 열고 짐 가방을 꺼내면서, 여행 내내 함께했던 가방들이 조금 무거워졌음을 느꼈다. 그 안에는 기념품과 함께 수많은 추억이 담겨 있다. 여유롭게 바다를 보며 즐겼던 시간, 바르셀로나의 세련된 거리에서의 산책, 프로방스에서 여유로운 나날들이 모두 떠오른다.

렌터카 반납 절차는 빠르고 간단했다. 지난번 사고에 관해 얘기하자 직원이 보험으로 처리가 된다고 했다. 모든 서류에 서명하고 차량의 키를 반납하며, 여행이 끝났다는 아쉬움과 동시에 무사히 일정을 마친 것에 대한 안도감이 느껴졌다.

우리는 짐가방을 끌며 공항 터미널로 향했다. 공항 건물 안으로 들어서자, 시원한 에어컨 바람이 반긴다. 떠나는 사람들과 도착하는 사람들이 뒤섞여 분주한 공항 로비에, 우리는 탑승수속을 위해 줄을 섰다. 탑승수속을 마치고 보안검색대를 지나면서, 이 여행이 정말 끝났음을 실감하게 되었다. 터미널의 상점들 사이를 거닐다가, 작은 카페에 들러 커피를 주문하였다. 커피를 손에 들고, 우리는 창가에 앉아 활주로를 바라보며 잠시 휴식을 취한다. 비행기 출발 시간이 다가오고, 게이트로 향했다.

마침내 비행기에 탑승하는 순간, 우리는 서로에게 수고했다는 인사를 건네고 이번 여행이 주었던 모든 순간을 마음속에 간직했다. 창가에 앉아 비행기들이 분주하게 이륙하는 모습을 바라보았다. 우리는 이 여행이 끝이 아닌 새로운 시작임을 느꼈다. 비행기가 활주로를 달리며 이륙할 때, 다음 여행을 기약해 본다. 우리는 다시 일상으로 돌아간다.

마무리하면서

—

    이번 여행은 바르셀로나의 예술적 열정에서부터 남프랑스의 아름다운 풍광, 그리고 모나코의 화려한 매력까지, 다양한 경험을 안겨준 소중한 시간이었다. 중년의 두 남자가 함께한 이 여정은 단순한 관광을 넘어, 각 도시의 독특한 매력과 문화에 대한 깊은 이해를 돕는 여행이었다. 여행하면서 우리는 서로의 삶과 생각을 더욱 깊이 공유할 수 있었고, 그 과정에서 많은 깨달음을 얻었다.

    바르셀로나의 화려한 건축물들이 여전히 우리의 눈앞에 선명히 남아 있고, 몽펠리에의 고요한 거리를 걸으며 느꼈던 여유로움과 아를의 역사적인 유적들은 마음속 깊이 새겨졌다. 아비뇽의 교황청과 엑상프로방스의 정취는 여행의 풍미를 더해주었고, 니스에서 본 푸른 바다와 모나코의 고급스러운 환경은 우리의 마음을 완전히 사로잡았다. 도시마다 맞이했던 특별한 순간들은 우리의 여행에 새로운 이야기를 더해

주었고, 그 기억들은 오랫동안 우리를 풍요롭게 해줄 것이다.

　이제 여행을 마치고 돌아와서도, 이번 여정에서 얻은 다양한 경험들과 추억들이 우리의 삶에 큰 힘이 될 것이다. 우리는 각 도시에서 만난 사람들과 풍경, 그리고 그 속에서 마주한 특별한 순간들을 오래도록 간직하며, 앞으로의 여행과 삶의 여정에 소중한 교훈으로 삼을 것이다. 이번 여행은 단순한 일탈이 아니라, 삶의 또 다른 방향과 의미를 되새기게 한 시간이었다.

　여행을 함께한 동반자에게 서로 감사하며, 우리는 다시 한번 다음 여행을 꿈꾼다. 그날이 올 때까지, 이번 여행에서 얻은 소중한 기억을 가슴에 품고 살아갈 것이다. 이 특별한 순간들이 우리를 앞으로 나아가게 하는 힘이 될 것임을 믿으며, 새로운 모험을 기대한다.

"김 대표, 수고했어."

"한 박사도."

50대 두 남자, 나를 찾아 떠나는 바르셀로나와 남프랑스 여행